Gesprächstechniken für Führungskräfte -

Methoden und Übungen zur erfolgreichen Gesprächsführung

Bibliographische Information Der Deutschen Bibliothek

Die Deutsche Bibliothek verzeichnet diese Publikation in der Deutschen Nationalbibliographie; detaillierte bibliographische Daten sind im Internet über http://dnb.ddb.de abrufbar.

ISBN 3-448-05544-1 Best.-Nr. 00742-0001

Postanschrift: Postfach, 82142 Planegg
Hausanschrift: Fraunhoferstraße 5, 82152 Planegg
Tel. (0 89) 8 95 17-0, Telefax (0 89) 8 95 17-2 50
E-Mail: online@haufe.de, Internet: http://www.haufe.de
Redaktion: Dipl.-Kffr. Kathrin Menzel-Salpietro

Lektorat: Textbüro Nöllke, 81669 München

Umschlaggestaltung: Atelier Höpfner-Thoma, 81679 München
Desktop-Publishing: Agentur: Satz & Zeichen, Karin Lochmann, 83119 Obing
Druck: Bosch-Druck GmbH, 84030 Ergolding

Zur Herstellung der Bücher wird nur alterungsbeständiges Papier verwendet.

Gesprächstechniken für Führungskräfte –

Methoden und Übungen zur erfolgreichen Gesprächsführung

von
Boris von der Linde
Anke von der Heyde

Haufe
Freiburg · Berlin · München · Zürich

Inhaltsverzeichnis

Vorwort

Führungskräfte verbringen einen Großteil ihres Arbeitstages damit, Gespräche zu führen. Ob sie Mitarbeiter motivieren, beurteilen und fördern, Aufgaben delegieren oder Konflikte schlichten – immer geht es darum, die richtigen Worte zu finden. Aber das ist gar nicht so einfach. Wie oft verstehen Mitarbeiter nicht, was ihr Vorgesetzter „eigentlich" meint! Wie häufig wissen Führungskräfte nicht, mit welchen Fragen man die wahren Stärken und Schwächen eines Bewerbers herausfindet! Und wie schwer tun sich erst viele Chefs, wenn sie die Leistungen ihrer Mitarbeiter bewerten sollen!

In solchen Situationen zeigt sich: Reden allein genügt nicht. Wer erfolgreich führen will, muss die Kunst der Gesprächsführung beherrschen. Nur wenn Sie zielorientiert und rhetorisch geschickt argumentieren, werden Sie zu den gewünschten Ergebnissen gelangen!

In diesem Kienbaum-Ratgeber erfahren Sie, worauf es bei Gesprächen im Führungsalltag ankommt. Wir beschäftigen uns mit typischen Situationen, in denen Sie zielorientiert kommunizieren müssen. Ob Sie Mitarbeiter- und Zielvereinbarungsgespräche oder Einstellungsinterviews führen, Feedback geben oder Konflikte schlichten müssen - hier finden Sie die richtigen Techniken. An zahlreichen Beispielen zeigen wir Ihnen, wie man sie einsetzt. Checklisten und Zusammenfassungen am Ende jedes Kapitels sorgen für Praxisnähe und Übersicht.

Viele erfolgreiche Gespräche wünschen Ihnen

Boris von der Linde und Anke von der Heyde

Die wichtigsten Basics für gute Gespräche

Rainer Lindemann, neuer Marketingleiter bei der Cleanox GmbH, einem Direktvertriebs-Unternehmen für Wasch- und Reinigungsmittel, ist sehr verärgert. Bernd Rode, einer der besten Außendienstmitarbeiter der Firma, hat sich in einer größeren Kollegenrunde über ihn beklagt. Er soll wörtlich gesagt haben: „Jetzt müssen wir den Unsinn ausbaden, den sich unsere Marketingfritzen ausgedacht haben." Keine Frage, diese Äußerung bezog sich auf die neueste Werbekampagne, für die Rainer Lindemann verantwortlich zeichnete. Er ist erst seit kurzem Marketingleiter in der Cleanox GmbH und hat den Auftrag, jüngere Kunden für die Produkte des Hauses zu begeistern.

In den nächsten Tagen bemerkt Rainer Lindemann, dass noch mehr Außendienstler die neue Kampagne kritisieren. Immer, wenn neue Prospekte, Produktinfos oder PR-Texte von der Vertriebsabteilung gegengecheckt werden, kommt es zu heißen Diskussionen. Der Vertriebsleiter Ralf Klose wirft Rainer Lindemann vor, den Markt nicht zu kennen und „an den Kunden vorbei" zu werben. Das Klima wird immer schlechter. Rainer Lindemann wagt kaum mehr, die Vertriebsabteilung in die Marketingmaßnahmen einzubinden. Die Lage spitzt sich so zu, dass Lindemann das Gespräch mit dem Geschäftsführer Ulrich Linz sucht.

„Herr Rode macht alles schlecht, was aus der Marketingabteilung kommt", beklagt sich Lindemann bei seinem Chef. „Ich kann mit ihm gar nicht mehr reden, ich weiß sofort, was er einwenden wird." Ulrich Linz schmunzelt und versucht seinen jungen Mitarbeiter zu beruhigen. „Zwischen der Marketingabteilung und dem Vertrieb gibt es öfter mal Kommunikationsprobleme. Das ist ganz normal. Sie müssen die Sorgen von unserem Herrn Rode verstehen. Er klingelt jeden Tag an vielen Haustüren. Er kennt seine Kunden und weiß, wie sie reagieren. Und er möchte, dass das Marketing die langjährigen guten Beziehungen gerade zur älteren Kundinnen nicht gefährdet. Denn schließlich bringen sie uns den größten Umsatz."

Rainer Lindemann schaut betroffen aus dem Fenster. „Natürlich, das kann ich verstehen. Aber schließlich brauchen wir neue Käuferschichten, deshalb sprechen wir doch jetzt die jungen Frauen an. Wie soll ich denn mit dem Vertrieb zusammenarbeiten, wenn die so mauern?“

„Ich glaube, wir sollten einmal ein Meeting mit den Vertriebsleuten ins Auge fassen. Da können dann beide Seiten ihre Sorgen austauschen und sich gemeinsam auf Lösungen einigen. Ich werde das Gespräch moderieren. Was halten Sie davon?“ Rainer Lindemann findet die Idee ausgezeichnet und verlässt mit einem guten Gefühl das Büro seines Chefs.

Ulrich Linz hat richtig reagiert. Er ist ein ruhiger, ausgeglichener Vorgesetzter, der seine Worte mit Bedacht wählt. Er konnte seinen Mitarbeiter Rainer Lindemann beruhigen, ihm Zusammenhänge erklären, sein Verständnis wecken. Er hat es geschafft, den Blick Rainer Lindemanns auf die Lösung des Problems zu richten.

Im Gegensatz zu Herrn Linz tun sich viele Vorgesetzte mit dem Reden schwer. Sie finden nicht die richtigen Worte für ihre Mitarbeiter. Doch ohne die Kunst der Kommunikation geht es im Führungsalltag nicht. Einer Führungskraft, die nicht gut kommunizieren kann, werden die Mitarbeiter nur ungern folgen. Die richtigen Worte zur richtigen Zeit können anspornen, begeistern, fordern. Die falschen Worte können demotivieren und frustrieren. Doch unprofessionelle Kommunikation kann sich keiner leisten: die Arbeitsleistung einzelner Mitarbeiter oder sogar ganzer Abteilungen lässt nach, Mitarbeiter verlassen das Unternehmen, Bewerber fühlen sich abgeschreckt.

Bei den klassischen Führungsaufgaben wie „Motivation, Delegation, Steuerung, Personalentwicklung und Feedback“ sind Kenntnisse über professionelle Gesprächsführung daher unverzichtbar. Bei allen diesen Aufgaben muss die Führungskraft Gespräche führen. Über Gespräche werden Mitarbeiterinnen und Mitarbeiter motiviert, werden Aufgaben delegiert, wird Personalentwicklungsbedarf ermittelt, werden Konflikte gelöst. Mithilfe eines oder mehrerer Gespräche werden Einstellungsentscheidungen gefällt. Auch begabte „Kommunikatoren“ werden nicht zwingend ein gutes Zielvereinbarungs- oder Kritikgespräch führen, geschweige denn ein Einstellungsinterview. Im Gegenteil zeigt sich, dass auch ungeübte und kommunikatorisch weniger talentierte Führungskräfte mittels eines gut vorbereiteten und zielgerichtet geführten Gespräches viel erreichen können.

So bauen Sie Gespräche auf

Professionelle Gespräche zu führen ist nicht so kompliziert, wie Sie vielleicht denken. Wir zeigen Ihnen, wie Sie die passenden Worte finden, ein gutes Gesprächsklima schaffen und die gewünschten Ergebnisse erzielen. Erster Tipp: Halten Sie sich bei typischen Mitarbeitergesprächen immer an die folgenden vier Schritte:

Grundlegender Gesprächsaufbau

1. Einleitung, Smalltalk
2. Klarheit schaffen, Problem anreißen, Fragen stellen
3. Argumentationsphase
4. Verbindlichkeit schaffen: Was halten wir jetzt fest?

Betrachten wir die einzelnen Bausteine im Einzelnen. Wir greifen hierfür zu einem Beispiel: Stellen Sie sich vor, dass eine Führungskraft mit einem zugeordneten Abteilungsleiter ein Kritikgespräch über die Organisation seiner Abteilung führen möchte. In der Abteilung des angesprochenen Herrn Meier scheint nicht alles so zu laufen, wie es sich die Führungskraft vorstellt.

Einleitung, Smalltalk

Aus zahlreichen Assessment-Centern, Coachings „in vivo", aus eigenen Erfahrungen, aus Schilderungen wissen wir: Schon hier, im Verhalten zu Beginn eines Gespräches unterscheiden sich Führungskräfte gravierend. Schon in den ersten Minuten entscheidet sich, ob das Gespräch erfolgreich verläuft oder nicht. Hier ein wenig geglückter Gesprächseinstieg:

„Tag Herr Meier. Machen Sie mal die Tür zu. Setzen Sie sich! Ich habe Sie zu mir gebeten, um mit Ihnen mal über die Frau Weber zu sprechen, das ist ja Ihre Mitarbeiterin. Frau Weber ist jetzt wiederholt durch Kundenbeschwerden aufgefallen. Mal ganz ehrlich: haben Sie Ihre Abteilung eigentlich nicht im Griff?"

In diesem Beispiel mangelt es der Führungskraft nicht nur an den richtigen Gesprächstechniken, sondern auch an Höflichkeit. Im Dialog über Gesprächstechniken wurde diesem Vorgesetzten (der sich auf diese Weise in einem begleiteten Konfliktgespräch geäußert hatte) klar, dass der Gesprächseinstieg wenig professionell ist. Ein Gespräch dient immer einem Ziel. In diesem Fall geht es darum, die Ursache für die zu beobachtenden Kundenbeschwerden herauszufinden. Um die Probleme der Abteilung zu besprechen und Lösungen zu erarbeiten wäre ein freundlich-lockerer Gesprächseinstieg sicher angebrachter gewesen. Ein bisschen Smalltalk sorgt für eine angenehme Atmosphäre, die sich positiv auf den weiteren Gesprächsverlauf auswirkt, wie das folgende Beispiel zeigt:

„Guten Tag Herr Meier, kommen Sie bitte herein (schließt die Tür). Setzen Sie sich doch bitte. Einen Kaffee?"

„Nein danke."

„Schön, dass Sie sich die Zeit nehmen konnten. In Ihrer Abteilung ist gerade allerhand zu tun, wie ich höre?"

„Ja, wir machen gerade den Jahresabschluss. Deadline ist ja bis Ende nächster Woche."

„Sie haben auch am letzten Wochenende gearbeitet? Was sagt denn Ihre Familie dazu?"

„Na, die findet das natürlich nicht so toll. Aber momentan geht das halt nicht anders. Sonst sehe ich keine Chance, die Sachen pünktlich fertig zu bekommen."

„Ja, das Problem kenne ich. Ich komme auch nur schwer damit zurecht, wenn ich kein richtiges Wochenende mehr habe."

Steigen auch Sie über allgemeine Themen, Fragen an den Mitarbeiter oder Äußerungen zum eigenen Befinden in das Thema ein. So ein Smalltalk zu Beginn des Gespräches kann durchaus einige Minuten dauern.

Einen Fehler sollten Sie aber nicht begehen, nämlich einen mit Kritik gespickten Smalltalk führen:

„Guten Tag Herr Meier, kommen Sie bitte herein (schließt die Tür). Setzen Sie sich doch bitte. Einen Kaffee?"

„Nein danke."

„Schön, dass Sie die Zeit erübrigen konnten. In Ihrer Abteilung tanzt ja gerade der Bär, wie ich hörte. Stressig, wenn man die Sachen nicht in den Griff bekommt, was?"

Ein derart kompromissloser Gesprächseinstieg – d. h. ein Gesprächseinstieg, bei dem es „gleich zur Sache" geht – sollte besonderen Situationen vorbehalten bleiben (im weiteren Verlauf werden wir darauf noch zu sprechen kommen). Für die meisten Situationen ist es sinnvoller, sich „plätschernd" in den Kern des Gesprächsablaufes hineinzubewegen. Auch wenn der Mitarbeiter oder die Mitarbeiterin – z. B. bei einem Kritikgespräch – schon ahnt, was das Thema sein könnte: Nehmen Sie sich bitte trotzdem vor, ein typisches Mitarbeitergespräch durch einen mindestens 2- bis 3-minütigen Smalltalk einzuleiten! Falls Ihnen keine Themen einfallen, informieren Sie sich über den Mitarbeiter oder die Mitarbeiterin im Vorfeld und überlegen Sie sich dann einige Fragen dazu!

Klarheit schaffen, Problem anreißen, Fragen stellen

Nehmen wir an, der Einstieg sei gelungen. Über ein freundliches Entree sind Sie an den Punkt gekommen, an dem Sie zum eigentlichen Gesprächsinhalt vorstoßen können. Günstig ist es, zu Beginn eines Gespräches eine kurze Agenda zu besprechen und dem Gesprächspartner mitzuteilen, welche Themen Ihnen am Herzen liegen:

„Schön, dass wir Zeit gefunden haben, uns heute zusammenzusetzen. Folgende Punkte sind meinerseits wichtig zu besprechen: Das ist zum einen die Arbeitsbelastung innerhalb Ihrer Abteilung, zum anderen unsere Messepräsentation in der übernächsten Woche. Haben Sie noch Themen, die für Sie heute wichtig erscheinen? Und bis wann haben Sie sich Zeit genommen?“

Eine kurze Einleitung in dieser oder anderer Form ist Standard. Sie gibt dem Gespräch eine Struktur, bezieht den anderen bei der Gestaltung der Themen mit ein und ermöglicht – auch bei Kritikgesprächen – einen nicht ganz so abrupten Einstieg in die Materie. Wichtig ist es, in der Einleitung so neutral wie möglich zu formulieren. Unangebracht sind Beschuldigungen und Vorwürfe wie diese:

„Ich habe folgende Punkte: Einerseits die drastischen Kundenbeschwerden hinsichtlich Ihrer Abteilung und die bislang nicht erfolgte, durch Sie versäumte Messevorbereitung. Was haben Sie noch an Themen?“

Wer so einsteigt, nimmt seinem Mitarbeiter jede Chance, Dinge zu erklären oder sich zu verteidigen. Solchermaßen vorgetragene Vorwürfe müssen einfach als völlig unberechtigt empfunden werden. Günstig ist es daher, auch die kritischen Aspekte erst im Verlauf des Gespräches – dann natürlich entsprechend deutlich – zu nennen. Überraschend ist vielfach, wie schwer es Führungskräften bisweilen fällt, Probleme klar anzusprechen:

„Herr Meier, ich äh, denke, äh, … oder lassen Sie mich mal anders beginnen: Ich glaube, dass Ihre Mitarbeiterin, Frau Weber, …sagen Sie mal: Denken Sie, dass eigentlich alles in Ordnung ist mit Frau Weber?“

„Was meinen Sie denn?“

„Äh …“

Irgendwann im Laufe eines Gespräches wird es um den eigentlichen Gesprächsanlass gehen. Bei einem Kritikgespräch um die zu vermittelnde Kritik, bei einem Verkaufsgespräch um den Verkauf bzw. das Produkt, bei einem Beurteilungsgespräch um die Widerspiegelung vom Fremdbild des Mitarbeiters bzw. die Herausarbeitung von Stärken und Schwächen. In bestimmten Fällen mag der Gesprächsgegenstand etwas heikler sein als in anderen und für die Führungskraft leichter anzusprechen. Das Prinzip bleibt aber gleich: Positionen, Meinungen, Beurteilungen, Vertragsangebote müssen irgendwann auf den Tisch.

Die Erfahrung zeigt, dass sich Führungskräfte an dieser Stelle – auch abhängig vom Gesprächsgegenstand – manchmal sehr schwer tun. Eine konsensorientierte Führungskraft fühlt sich vielleicht beim Smalltalk sehr wohl und möchte dort am liebsten verharren, bis sich das Problem von allein gelöst hat. Nach einer sehr angenehmen Gesprächseinleitung kommt diese Führungskraft dann nicht auf den Punkt. Sie windet sich, versucht das Problem erst von rechts einzukreisen, dann von links – dabei weiß der Mitarbeiter längst, um was es geht. Das Grundprinzip heißt also: Klarheit schaffen. Durch welche Art von Formulierung, welche Art des „sich Ausdrückens" diese Klarheit geschaffen wird, hängt stark vom Gesprächstyp ab. In einem Konfliktgespräch ist „Klarheit" ganz anders herzustellen als in einem Zielvereinbarungsgespräch. Ein Beispiel:

„Herr Meier, ich möchte mit Ihnen an dieser Stelle gern über eine Mitarbeiterin von Ihnen reden, Frau Weber. Was denken Sie, wie Frau Weber mit dem durch Sie übertragenen Verantwortungsbereich zurechtkommt?"

„Frau Weber, ja ... nicht ganz so einfach momentan."

„Ich habe den Eindruck – bestätigt durch ein Telefonat, das ich in der letzten Woche mit Frau Weber geführt habe –, dass sie sehr stark unter Stress steht. Sehen Sie das auch so?"

„Ja, das kann ich mir vorstellen, Frau Weber ist sicher sehr stark belastet."

„Als Konsequenz – das ist mein Eindruck – bleiben sehr viele Dinge unerledigt, z. B. auch Vorlagen, um die ich sie auf unserem letzten Bereichsmeeting bat und die unter der Regie von Frau Weber erarbeitet werden sollten. Zudem hat es gestern eine Beschwerde seitens eines Kunden gegeben, der sich bei einem letzten Treffen mit Frau Weber relativ „brüsk" behandelt gefühlt hat ... "

In diesem Beispiel bedeutet Klarheit also, die Probleme offen anzusprechen. Realistischerweise können die Punkte auch erst dann besprochen oder „verargumentiert“ werden.

In dieser Phase, auch Informationsphase genannt, sollten seitens der Führungskraft viele Fragen gestellt werden. Denn es gilt, das Problem aus allen erdenklichen Perspektiven zu betrachten. Zumeist geht die intensive Phase des Fragens in eine Phase des Argumentierens über, in der die unterschiedlichen Standpunkte ausgetauscht, in der um Meinungen gerungen wird. Ganz sauber lassen sich diese Phasen sicher nicht trennen. Geht es um verschiedene, voneinander abgrenzbare Themen in einem Gespräch, wird es pro Thema immer wieder eine Informations- mit einer sich anschließenden Argumentationsphase geben. Denn sicherlich ist es ganz ungünstig, wenn Themen, die nichts miteinander zu tun haben, vermengt werden:

„ ... wissen Sie, weil es in Ihrer Abteilung nicht läuft, klappt das auch mit der Messevorbereitung nicht. Ich denke ja ohnehin noch darüber nach, wie wir das mit Ihrem Dienstwagen gestalten ...“

Die Argumentationsphase

Ob in einem Verkaufs-, Kritik oder Zielvereinbarungsgespräch – irgendwann wird im klassischen Sinne argumentiert. Nur selten sind die Gesprächspartner von Beginn an einer Meinung. Auch in dem bislang durchgespielten Beispiel nicht:

„Herr Meier, ich mache mir inzwischen Sorgen, dass wir das Projekt bis zum definierten Stichtag tatsächlich hinbekommen. Frau Weber scheint die ihr zugedachten Aufgaben so nicht bewältigen zu können.“

„Ich gebe Ihnen Recht mit der Einschätzung, dass Frau Weber sehr belastet ist. Was allerdings die von Ihnen genannte Kundenbeschwerde angeht, hat mir Frau Weber die Situation anders dargestellt. Sofern der Kunde sich in der Weise verhalten hat, wie Frau Weber es mir geschildert hat, fände ich eine `brüske´ Reaktion schon fast angemessen.“

„Schauen Sie, Herr Meier, ich akzeptiere – ganz gleich wie Kunden sich am Telefon aufführen – keine `brüske´ Reaktion eines Mitarbeiters oder einer Mit-

arbeiterin. Ich möchte vollendete Höflichkeit bis zum bitteren Ende. Beschweren Sie sich dann über den Kunden bei mir!“

In der Argumentationsphase werden Meinungen ausgetauscht, wird verhandelt, wird „gestritten“. Nicht immer kann die Führungskraft ihre Meinung hier 1:1 durchsetzen - was ja auch nicht das Ziel sein kann. Für diese Phase sind Argumentationstechniken, Einwandbehandlungstechniken gefragt. Es ist für eine Führungskraft ungünstig, wenn sie argumentativ dem Gegenüber nichts entgegenzusetzen hat. Für diese Phase werden wir im Kapitel „Die effektivsten Gesprächstechniken“ das kommunikative „Handwerkszeug“ besprechen.

Verbindlichkeit schaffen

Ein Gespräch braucht einen vernünftigen Abschluss. Nichts ist schädlicher, als ein Gespräch im „Vagen“ enden zu lassen:

„O. k., Herr Meier, dann überlegen Sie sich mal was. Sie können mir ja irgendwann Bescheid geben über die Maßnahmen, die Sie einzuleiten gedenken!“

In unserer Beratungspraxis haben wir es schon häufig erlebt, dass Führungskräfte es zum Ende eines Gespräches nicht schaffen „auf den Punkt“ zu kommen. In Nachgesprächen sind diese Führungskräfte dann häufig der Meinung, die lange Diskussion hätte doch klarmachen müssen, was nun zu tun sei. Befragt man die Mitarbeiter und Mitarbeiterinnen, welche Aufgaben ihnen übertragen wurden, zeigt sich, dass dies keineswegs klar ist. Ein Gespräch muss mit verbindlichen Aussagen, Anweisungen oder Ankündigungen enden.

Zwingen Sie sich immer, dem Gespräch einen verbindlichen Abschluss zu geben. Dies gilt letztlich auch für alle anderen Varianten von Gesprächen, also auch Verkaufsgespräche oder Personalauswahlgespräche, die wir weiter hinten ausführlich behandeln.

„Schön, Herr Meier, lassen Sie uns noch einmal festhalten, was wir vereinbart haben. Sie baten mich um Unterstützung, was den Kunden Frech AG betrifft. Ich werde mit dem Geschäftsführer noch heute telefonieren und Ihnen spätestens gegen Büroschluss eine Nachricht geben. Sie haben mir dagegen zugesichert, dass

die Vorlagen bis morgen Mittag um 12 bei Frau Grotenking auf dem Tisch liegen, damit ich sie bis zum Nachmittag rausschicken kann."

Was Frau Meier betrifft, werden wir am Montag kommender Woche ein gemeinsames Gespräch führen, die Uhrzeit nennen Sie mir bitte innerhalb des heutigen Nachmittages.

Verbindlichkeit wird in Zielvereinbarungs- oder Mitarbeitergesprächen beispielsweise über Gesprächsleitfäden erreicht, die von beiden Gesprächspartnern unterschrieben werden.

Illustrieren wir den Begriff der Verbindlichkeit noch einmal: In einem ganz anderen Feld, der Akquise, ist Verbindlichkeit eine zentrale Voraussetzung des Verkaufserfolges. Bei Verkaufs- oder Kundengesprächen verschicken Verkäufer oftmals einen freundlichen Brief im Nachgang, indem sie sich für das Gespräch bedanken und – sofern Maßnahmen vereinbart wurden – diese noch einmal nennen.

Ein Fehler (der für mangelnde Verbindlichkeit spricht) ist für ungeübte Verkäufer typisch. Hierzu ein Beispiel:

„Darf ich Ihnen dann dazu einmal unser Angebot zukommen lassen?"

„Ja gern, schicken Sie mir das Angebot einfach mal zu."

„Vielen Dank, Herr Turck, das mache ich. Ich wünsche Ihnen dann noch schöne Ostern und einen angenehmen Urlaub."

Der Satz „Schicken Sie mir dann das Angebot einfach zu" sollte ein Warnsignal sein. Das Wichtigste an einem Verkaufsgespräch ist der Verkaufsabschluss und nicht die nette Plauderei. Richtigerweise müsste der Verkäufer versuchen, sofort einen Anschlusstermin zu vereinbaren (sofern möglich):

„Ich möchte Ihnen dazu gern unser Angebot zukommen lassen."

„Ja gern, schicken Sie mir das Angebot einfach mal zu."

„Vielen Dank, Herr Turck Wir sollten uns dann noch einmal treffen, damit ich Ihnen die Details erläutern kann. Was halten Sie von Montag der darauf folgenden Woche?“

Natürlich gibt es keine Gewähr dafür, dass sich der Kunde schon auf einen weiteren Termin einlässt. Einen Versuch ist es allerdings wert.

Verbindlichkeit ist für alle Arten von Mitarbeitergesprächen oberstes Gebot. Im Verkaufsgespräch mag die typische Floskel (als Zeichen für Unverbindlichkeit) heißen „ja, dann schicken Sie mir das einfach zu“, im Mitarbeitergespräch heißt es „ich denke mal darüber nach und komme dann auf Sie zu“. Mit einem solchen Gesprächsabschluss lässt sich keine Verbindlichkeit erreichen.

Zusammenfassung

- Betreiben Sie Smalltalk. Wenn Ihnen keine Themen einfallen, informieren Sie sich über den Mitarbeiter!
- Stellen Sie sicher, dass Ihre Anliegen klar und verständlich kommuniziert werden. Vermeiden Sie ausweichende Formulierungen, beziehen Sie stattdessen eine klar sichtbare Position (ohne natürlich zu konfrontativ oder beleidigend zu werden). Sie sollten als Führungskraft einschätzbar sein!
- Sorgen Sie am Ende eines Gespräches für verbindliche Vereinbarungen. Wenn es sein muss, unterschreiben Sie gemeinsam ein Protokoll.

Auf welchem Ohr hören Ihre Mitarbeiter?

Natürlich kommt es nicht nur darauf an, dass Sie als Führungskraft die richtigen Worte wählen. Von Bedeutung ist auch, wie Ihr Gegenüber das Gesagte versteht bzw. interpretiert und ob Sie dies im Gespräch berücksichtigen. Es gibt ein Modell, das Ihnen hilft, sich auf Ihre Gesprächspartner besser einzustellen:

> Das so genannte 4-Ohren Modell beschreibt, in welch unterschiedlicher Form Aussagen von einem Gesprächspartner aufgenommen bzw. in welcher Weise diese Aussagen interpretiert werden können.

Betrachten wir dazu folgende kurze Gesprächssequenz, in der der Vorgesetzte Herr Stöwe angesichts einer anstehenden Kundenpräsentation folgende Frage an seine Mitarbeiterin stellt:

„Frau Herrmann, ich habe mir die Sache mit der Präsentation noch einmal überlegt. Sind Sie wirklich sicher, dass Sie der Aufgabe gewachsen sind?"

... kurze Pause, Frau Herrmann ist sichtlich überrascht.

„Wissen Sie, Herr Stöwe, das ist wieder typisch! Offensichtlich haben Sie kein Vertrauen zu mir, ich bin wirklich enttäuscht ..."

In der populären Fassung geht das 4-Ohren Modell zurück auf den Hamburger Psychologen Schulz v. Thun, der in sehr praxisnahen Büchern (Miteinander reden I - III) seine Ideen einem breiten Leserkreis zugänglich gemacht hat. Ähnliche Themenfelder des Kommunizierens finden sich bei Watzlawick (populäre Titel hierzu: Anleitung zum Unglücklichsein; Menschliche Kommunikation).

Frau Herrmann interpretiert die Aussage von Herrn Stöwe offensichtlich als Angriff auf ihre Kompetenz bzw. als Ausdruck eines mangelnden Vertrauens. Frau Herrmann hätte natürlich auch anders reagieren können:

„Frau Herrmann, ich habe mir die Sache mit der Präsentation noch einmal überlegt. Sind Sie wirklich sicher, dass Sie der Aufgabe gewachsen sind?"

„Vielen Dank für Ihre Nachfrage, aber Sie können ganz beruhigt sein. Sie müssen wirklich nicht dabei sein, ich bin optimal vorbereitet".

In diesem Fall interpretiert Frau Herrmann die Aussage von Herrn Stöwe offensichtlich als eine Art Hilfsangebot sowie als Ausdruck der Besorgnis über das Gelingen der morgigen Präsentation. Ihre Reaktion ist entsprechend freundlicher.

Das 4-Ohren Modell geht davon aus, dass Menschen typischerweise auf vier verschiedenen Ebenen eine Aussage interpretieren können, nämlich auf der:

- Sachebene;
- Beziehungsebene;
- Appellebene;
- Selbstoffenbarungsebene.

Mit dem Sachohr gehört

Sofern Frau Herrmann die Aussage Herrn Stöwes mit dem so genannten Sachohr hört, interpretiert Sie die Nachricht als eine entsprechend sachliche Frage. Ihre Antwort könnte entsprechend kurz und knapp lauten: „Ja!". Freilich würde nur selten jemand wirklich so kurz und knapp antworten.

Mit dem Beziehungsohr gehört

Würde Frau Herrmann die Frage Herrn Stöwes mit dem so genannten Beziehungsohr aufnehmen, würde sie eine Aussage über die Beziehung heraushören. Nach dem Motto: Herr Stöwe zeigt mir durch seine Aussage, dass er kein Vertrauen zu mir hat. Oder: Herr Stöwe spielt sich mir gegenüber als „Lehrer" auf. Wie genau Frau Herrmann die Frage von Herrn Stöwe interpretiert, ist freilich abhängig von dem tatsächlichen Arbeitsverhältnis. Insofern gibt es hier unendlich viele Möglichkeiten der Interpretation, die wir in dem Beispiel nicht abbilden können. Antworten von Frau Herrmann – motiviert durch das Hören auf der Beziehungsebene - könnten entsprechend lauten: „Ich finde es nicht fair, dass Sie mir kein Vertrauen entgegenbringen", oder „Bitte spielen Sie sich nicht als mein Lehrer auf, ich mag das nicht", oder positiv „Ich weiß sehr zu schätzen, dass Sie sich um mich kümmern".

Mit dem Appellohr gehört

Ist Frau Herrmann eine Mitarbeiterin, die bevorzugt auf dem so genannten Appellohr hört, nimmt sie mit der Frage von Herrn Stöwe eine Aufforderung, einen Appell wahr, z. B. hinsichtlich einer guten Vorbereitung auf die morgige Sitzung. D. h. sie reagiert in ihrer Antwort auf den vermeintlichen Appell „Machen Sie die Präsentation morgen so gut wie möglich!" oder „Bereiten Sie sich wirklich optimal vor!", oder „Lassen Sie sich noch von jemand anderem unterstützen!". Sofern Frau Herrmann derartige Appelle aus der Frage von Herrn Stöwe heraushört, könnten die Antworten entsprechend lauten: „Gut Herr Stöwe, ich werde die Unterlagen nochmals optimieren" oder „Keine Frage, ich werde heute alles noch einmal exakt durchgehen!" oder „Ich werde Frau Lindemann bitten, mich morgen zu unterstützen".

Mit dem Selbstoffenbarungsohr gehört

Sollte Frau Herrmann bevorzugt auf dem so genannten Selbstoffenbarungsohr hören, nimmt sie vor allem wahr, was Herr Stöwe mit seiner Frage über sich selbst aussagt. In der Frage „Sind Sie wirklich sicher, dass Sie der Aufgabe gewachsen sind?" könnte sich schließlich Besorgnis ausdrücken, eigene Unsicherheit oder der Wunsch, lieber alles selbst machen zu wollen. Frau Herrmann würde – sofern sie diese Äußerungen auf dem Selbstoffenbarungsohr „hört" – z. B. antworten „Möchten Sie selbst morgen die Präsentation durchführen?" oder „Sie sind besorgt, nicht wahr?". Die Antwort von Frau Herrmann würde sich also vornehmlich auf den Gemütszustand von Herrn Stöwe beziehen. Ein Mensch, der bevorzugt mit diesem „Ohr" hört, ist typischerweise gegenüber Vorwürfen weniger empfänglich, d. h. er reagiert auch weniger empfindlich als andere. Es ist nicht wahrscheinlich, dass sich eine solche Person schnell persönlich angegriffen fühlt, da sie aus jedem Vorwurf erst einmal die Sorgen das anderen heraushört.

So werden Äußerungen also auf unterschiedliche Art und Weise interpretiert. Typischerweise sind Menschen, die bevorzugt auf dem Beziehungsohr hören, empfindliche Naturen. Achten Sie bei diesem „Hör-Typ" auf das, was Sie sagen, da Ihre Äußerungen sehr schnell als gegen die Person gerichtet aufgenommen werden.

Übung: 4-Ohren Modell	
Lesen Sie die folgenden Aussagen und stellen Sie sich vor, wie Sie reagieren würden, wenn Sie vornehmlich auf dem Beziehungs-, dem Appell- oder Selbstoffenbarungsohr hören (nicht zu allen Aussagen ist die Reaktion auf jeder der Ebenen möglich oder sinnvoll).	
Beispiel: „… morgen muss ich mich mit einem besonders schwierigen Kunden unterhalten"	
Gehört auf dem **Appellohr**:	„… soll ich Dir bei der Vorbereitung helfen?"
Gehört auf dem **Beziehungsohr**:	„… na toll, glaubst du, ich könnte das nicht?"
Gehört auf dem **Selbstoffenbarungsohr**:	„…da bist du sicher ganz nervös …"
„… bis wann wird denn nun die Reparatur durchgeführt?"	
„… das ist doch totaler Quatsch."	
„… Ihre Kollegin hat gestern noch was ganz anderes gesagt."	
„… ich bin mir ziemlich sicher, dass Ihre Aussage falsch ist."	
„… Frau Müller hat mir Blumen geschenkt."	
„… das Training war wirklich gut, ich habe richtig was gelernt."	
„… das Fenster ist offen."	

„... hier sieht es ja wieder aus."
„... wo geht's denn in diesem Jahr in den Urlaub hin?"
„... wir sollten uns hinsichtlich unserer Zusammenarbeit optimieren."
„... ich denke, ein Seminar zum Thema Zeitmanagement wäre spannend für Sie."
„... haben Sie schon Mittagspause gemacht?"
„... würden Sie bitte das Rauchen einstellen."
„... Ihr Wagen parkt im Halteverbot."
„... mein Mann/meine Frau hat für mich am Wochenende gekocht!"
„... wir waren im Kino in dieser Woche."

Menschen, die bevorzugt „Appelle" hören, reagieren dem Aufforderungscharakter gemäß. Mitarbeiter mit einer solchen Charakteristik müssen – im positiven Sinne – nicht andauernd auf Handlungserfordernisse aufmerksam gemacht werden. Die Äußerung eines Vorgesetzten wie „Ich finde Ihre Vorlage schon sehr gut." wird gleich im Geiste ergänzt zu „Aber perfektionieren Sie sie noch." Zu viel Dienstbeflissenheit kann natürlich auch störend sein. Sofern Mitarbeiter bevorzugt auf dem so genannten Selbstoffenbarungsohr hören, kann sich das sowohl positiv als auch negativ auswirken. Im positiven Sinne ist der Mitarbeiter „interessiert" an der Führungskraft, fragt nach, fühlt sich auch durch ruppige Äußerungen nicht gleich angegriffen („hat heute wohl einen schlechten Tag"). Andererseits können Menschen dadurch auch den Eindruck vermitteln, dass sie den anderen nicht mehr in der gebotenen Weise ernst nehmen. Typisch ist dann ein so genannter „therapeutischer" Sprachstil, der die Äußerungen des anderen emphatisch wiedergibt: „Sie ärgern sich aber gerade sehr!" Wenn eine Führungskraft auf die eindeutige Aussage „Herr Paschen, ich möchte, dass die Vorlage bis morgen fertig wird!" die Antwort bekommt „O. k., o. k. Herr Meier, ich weiß ja, dass es bei Ihnen Zuhause momentan nicht so gut läuft.", dann ist das eindeutig zu viel der therapeutischen „Anteilnahme".

Und was hört Ihr Mitarbeiter heraus?

Nicht alle Mitarbeiter hören bevorzugt auf einem bestimmten „Ohr“ bzw. zeigen in ihrer Interpretationsweise eine deutlich sichtbare Charakteristik. Sensibilisierungen für eine bestimmte Art des Interpretierens können aber in bestimmten Situationen auftreten, z. B. in Konfliktsituationen. Hier wird sicher das so genannte „Beziehungsohr“ aktiviert. Äußerungen der Führungskraft werden schnell als gegen die Person gerichtet wahrgenommen. Selbst sachliche Beschreibungen einer Situation können als Angriff empfunden werden.

Führungskräfte sollten sich im Rahmen eines Gespräches mit einem Mitarbeiter also vergegenwärtigen, auf welchem „Ohr“ gerade bevorzugt gehört wird. Ist der Mitarbeiter sensibilisiert auf dem Beziehungsohr, sollte die Führungskraft möglichst neutral, ohne Ironie, ohne jegliche Vorwürfe formulieren. Die im folgenden Abschnitt beschriebenen Ich-Botschaften können hier sehr dienlich sein. Extrem wichtig ist in diesem Fall, den anderen durch viele Fragen einzubeziehen.

Übertriebene Dienstbeflissenheit, also das Hören mit dem Appellohr, kann zu Unverständnis seitens des Mitarbeiters führen. Der Mitarbeiter denkt in diesem Falle weniger selbst mit, statt im Geiste ständig „Aufgaben“ mit zu notieren. Wichtig ist es, diese Mitarbeiter durch intensive Fragen vor allem in den Lösungsprozess mit einzubinden. Denn sonst verkennt die Führungskraft – aufgrund des so glatt verlaufenen Gespräches –, dass nur sie selbst es war, die eine Lösung erarbeitet hat. Und das ist in jedem Falle ungünstig.

Mitarbeiterinnen und Mitarbeiter, die bevorzugt auf dem Selbstoffenbarungsohr hören und dies auch in ihrer Haltung zum Ausdruck bringen (z. B. eine überaus bemutternde Sekretärin), können im Extrem dazu tendieren, die Führungskraft nicht ernst zu nehmen. Hier wird es für die Führungskraft essenziell sein, sehr deutlich und klar zu formulieren und wenn nötig auf die so genannte Metaebene zu gehen. Auf der Metaebene wird das Gesprächsverhalten an sich beurteilt, man tritt sozusagen einen Schritt zurück und betrachtet sich selbst und den Gesprächspartner in der Kommunikationssituation. Beispiel:

„Herr Turck, ich merke, dass Sie immer noch amüsiert sind über meine Sorge hinsichtlich der Präsentation. Darf ich fragen, wie wir dennoch im Gespräch weiterkommen und zu einer vernünftigen Lösung gelangen?"

Mit Mitarbeitern, die vorwiegend auf der Sachebene hören, kann das Gespräch aus einem anderen Grunde zäh und unproduktiv verlaufen. Denn schon in der Smalltalk-Phase erweist sich, dass die Mitarbeiter nicht einfach aus der Reserve zu locken sind. Führungskräfte sollten hier versuchen, die sehr „trocken" wirkenden Mitarbeiter durch viele Fragen zu eigenen Auffassungen, zum eigenen Empfinden, zu eigenen Beurteilungen in den Prozess zu involvieren. Denn so wünschenswert eine Sachorientierung oft auch sein mag: für Kritikgespräche ist sie zumeist hinderlich. Hier erweist es sich bisweilen als schwer, Mitarbeiter z. B. auf das eigene Wirken oder emotionale Aspekte des Umgangs mit anderen aufmerksam zu machen. Um so wichtiger ist es, im Gespräch intensiv Feedback zu geben zu diesen „persönlichen" Inhalten.

Zusammenfassung

Das 4-Ohren Modell sensibilisiert für die unterschiedlichen Arten, mit denen Mitarbeiter die Äußerung einer Führungskraft aufnehmen können.

Unterschieden werden

- der Sachaspekt,
- der Beziehungsaspekt einer Botschaft sowie
- der Appell und
- die Selbstoffenbarung.

Je nachdem, auf welchen „Ohren" Mitarbeiterinnen und Mitarbeiter bevorzugt hören, sollten Sie andere Gesprächsstrategien anwenden.

Die effektivsten Gesprächstechniken

Geschäftsführer Ulrich Linz bereitet sich auf das Meeting vor. Morgen früh werden sich Marketingleiter Rainer Lindemann, der Vertriebsleiter Harald Schulz und Außendienstmitarbeiter Bernd Rode zusammensetzen und versuchen, das Kommunikationsproblem zwischen Marketing- und Vertriebsabteilung zu lösen.

Ulrich Linz hat sich über die beiden streitenden Parteien Gedanken gemacht. Auf einem Blatt Papier notiert er mögliche Argumente beider Seiten. Er denkt zunächst über die Marketingabteilung nach: Sie setzt doch eigentlich nur um, was die Geschäftsleitung beschlossen hat, nämlich vor allem junge Frauen als Kundinnen zu gewinnen. Marketingleiter Rainer Lindemann hofft vermutlich, dass die Vertriebsabteilung diese Strategie endlich akzeptiert und sich stärker als bisher bei der jüngeren Zielgruppe engagiert.

Die Vertriebsabteilung hingegen befürchtet vermutlich, dass die älteren Kundinnen verloren gehen könnten, wenn die jüngeren stärker angesprochen werden. Wahrscheinlich hat man auch keine Lust, sich um die neue junge Zielgruppe zu kümmern. Schließlich macht man mit den älteren Kundinnen immer noch ganz gut Umsatz.

Ulrich Linz macht sich noch mehr Notizen. Er denkt auch über die persönlichen Motive seiner Mitarbeiter nach. Rainer Lindemann ist neu in der Firma. Er will sich profilieren, ist ehrgeizig und zielstrebig. Vertriebsleiter Harald Schulz und Außendienstmitarbeiter Bernd Bode sind altgediente Mitarbeiter, die in diesem Geschäft über sehr viel Erfahrung verfügen. Sie fürchten womöglich nicht nur, dass über dem Engagement für die junge Zielgruppe die Beziehung zu den älteren Stammkundinnen leidet. Sie wollen sich auch nicht von einem jungen Kollegen sagen lassen, wie sie zu arbeiten haben.

Geschäftsführer Ulrich Linz hat inzwischen viele interessante Punkte auf seinem Zettel zusammengetragen. Er überlegt sich eine Strategie für das anstehende Gespräch. Er wird beide Parteien eingehend befragen, um ihre Meinung heraus-

zufiltern und unausgesprochene Befürchtungen endlich einmal öffentlich zu machen. Anschließend könnte es zu einer Diskussion kommen. Und schließlich wird Ulrich Linz versuchen eine gemeinsame Lösungssuche anzuregen ...

Ulrich Linz bereitet sich umfassend auf das bevorstehende Gespräch vor. Er wählt eine Vorgehensweise, die Erfolg versprechend ist. Machen Sie es ebenso und nutzen Sie die im folgenden Kapitel vorgestellten wichtigsten Werkzeuge für professionelle Gespräche. Wir beschränken uns auf gut umsetzbare, pragmatische Techniken und geben – wann immer möglich – kurze Gesprächsbeispiele zur Demonstration. Hier eine kurze Beschreibung der Themen, die Sie in diesem Kapitel erwarten:

Fragetechniken und aktives Zuhören

Für optimal gestaltete Mitarbeiter-, Kritik- und Zielvereinbarungsgespräche ist der geübte Einsatz von Fragetechniken notwendig. Darüber hinaus sind Fragetechniken für das Personalauswahlgespräch wie für ein Akquisegespräch wichtige Bausteine. Der Ausdruck „Wer fragt, der führt" hat seine Berechtigung. Fragetechniken im Rahmen eines Einstellungsinterviews behandeln wir allerdings gesondert in dem dafür vorgesehenen Kapitel.

Wer andere fragt, sollte allerdings auch ein offenes Ohr für ihre Antworten haben. Das „aktive" Zuhören, über das wir in diesem Abschnitt sprechen, erfordert etwas mehr Energie als das normale, z. T. beiläufige Zuhören.

Einwandbehandlung und Argumentation

Einwandbehandlung und Argumentation bilden den Kern eines jeden Gespräches. Ausgenommen ist natürlich das Auswahlinterview. (Sofern hier intensiv „argumentiert" wird, läuft das Gespräch zumindest nicht so, wie es sollte.) Wir stellen Ihnen Techniken der Einwandbehandlung und Argumentation speziell für Mitarbeitergespräche vor.

Umgang mit typischen Gesprächspartnern

Der eine ist ein Vielredner, die andere lässt sich kaum aus der Reserve locken: was tun? Mit welchen Mitteln kann man das Gespräch zielorientiert lenken bzw. in Gang bringen? Wir geben Ihnen Tipps zum Umgang mit kniffligen Gesprächssituationen.

Feedback geben und nehmen

Auch Feedback-Geben ist eine Art kommunikativer Technik. Ebenso das Feedback-Nehmen. Feedback-Geben ist zudem eine so genannte „Führungsfunktion“. Mitarbeiterinnen und Mitarbeiter sollen durch das Feedback der Vorgesetzten entwickelt werden.

Anweisungen und Appelle

Als letzten Aspekt im Rahmen kommunikativer Techniken werden wir uns der Frage zuwenden, wie eine Führungskraft auf adäquate Weise Anweisungen geben kann bzw. kooperativ gesprochen: Handlungsappelle formuliert.

Steuern Sie das Gespräch mit Fragen!

Viele Vorgesetzte beanspruchen in Führungsgesprächen einen Redeanteil von 80 bis 90 %! Das Gespräch beginnt in solchen Fällen mit einer kurzen Einleitung, die im günstigsten Fall garniert wird durch die persönliche Frage „Und wie läuft's so?“ Danach darf sich der Mitarbeiter oder die Mitarbeiterin entspannt zurücklehnen und den Ausführungen der Führungskraft lauschen. In einigen Fällen ist dieser Ablauf von der Führungskraft so gewollt, in anderen kann sie es einfach nicht besser. Eine Führungskraft, die ganz bewusst – d. h. entgegen ihrer Fähigkeit, die richtigen Fragen zu stellen – monologisiert, drückt damit aus: „was ich sage, zählt“. Dies kann positiv gemeint sein (in der Art einer lehrerhaften Attitüde), aber auch negativ (aus der Rolle einer autoritären Führungskraft heraus).

Führungskräfte, die dagegen aus der Not heraus – d. h. weil ihnen einfach nicht die richtigen Fragen zur Steuerung eines Gespräches einfallen – monologisieren, sind bei ihren Gesprächen selten erfolgreich. Sie schaffen es nicht, die Mitarbeiter „abzuholen“, geschweige denn eine tragfähige Lösung oder Vereinbarung zu erarbeiten.

Fragen fördern Verantwortung und Loyalität

Ein Ziel in Mitarbeitergesprächen sollte es sein, den Gesprächspartner zum Mitdenken und damit zur Übernahme von Verantwortung anzuregen. Man kann es auch so formulieren: denkende Menschen wollen gefragt und einbezogen werden, sonst gewinnen sie früher oder später den Eindruck, dass ihre Meinung nichts zählt. Außerdem erreicht man „Commitment“ nur, wenn Mitarbeiter in Entscheidungen und Aktivitäten eingebunden werden. Mitarbeiter sollte man immer „ins Boot holen“, auch wenn es um Entscheidungen geht, die letztlich von der Führungskraft alleine getroffen werden müssen.

Aber wie lassen sich die Mitarbeiter einbeziehen? Die Anwort lautet: durch Fragen! Die Regel 70/30 (70 % der Redezeit für den Mitarbeiter, 30 % der Redezeit für die Führungskraft) lässt sich anders auch nicht realisieren. Die Fragen, die die Führungskraft im Verlauf des Gespräches stellt, dienen dazu, den Gesprächsverlauf zu steuern, das Gespräch in der Hand zu behalten. Wichtig ist, dass die Führungskraft zielführende Fragen stellt. Diese Aufgabe können die Mitarbeiter nicht übernehmen!

> Die Führungskraft allein ist dafür verantwortlich, wenn das Ziel des Gesprächs nicht erreicht wird!

Fragen sind wichtig, weil sie:

- den Gesprächspartner aufwerten und motivierend wirken;
- der Gesprächssteuerung dienen;
- neue Lösungen oder andere Sichtweisen zu Tage fördern;
- die Informationen liefern, die zu einer Problemlösung notwendig sind;
- dazu beitragen, dass die Entscheidungen der Führungskraft eher akzeptiert werden.

Bei einem Mitarbeitergespräch sollte der Redeanteil des Mitarbeiters bei 70 % liegen. Aber wie schaffen Sie das? Indem Sie den Gesprächspartner oder die Gesprächspartnerin durch Fragen zu einem entsprechend großen Redeanteil „herausfordern"! Hier ein kurzes Gesprächsbeispiel dazu:

„Frau Weber, ich habe das Gefühl, dass sie in letzter Zeit sehr belastet sind, sehr unter Stress stehen. Was ist der Grund dafür?"

„Den Grund kann ich Ihnen nennen: es geht einfach alles drunter und drüber. Meine Kollegen und ich wissen vor lauter Aufgaben, Zusatzaufgaben und ganz schnellen Änderungen von heute auf morgen nicht mehr, wo uns der Kopf steht".

„Sie beschreiben da eine Situation, die geradezu charakteristisch für unsere Vertriebsabteilung ist. Hat sich da in den letzten Wochen etwas gravierend verändert?"

„Ein Grund ist natürlich unsere Software zur Vertriebssteuerung. Wie zu erwarten war, funktioniert sie nicht so, wie wir es uns vorgestellt haben. Der Zeitverlust ist immens. Die Kollegen und Kolleginnen werden immer unzufriedener, sie sollten mal in die Abteilung gehen und nach der Stimmung fragen".

„Und wie ist die Stimmung bei Ihnen selbst?"

„Ich kann Ihnen sagen wie meine Stimmung ist: mies! Ich bekomme als Gruppenleiterin alles ab. Und auch jetzt sitze ich hier und darf mich rechtfertigen vor Ihnen für Dinge, die ich nicht zu verantworten habe".

„Was bekommen denn unsere Kunden davon mit ...?"

Eine solches „Frage- und Antwortspiel" kann sich über einen recht langen Zeitraum hinziehen. Wichtig ist: die Führungskraft muss wissen, welche Fragen zielführend sind bzw. wie ein Gespräch sinnvoll mit Fragen gesteuert werden kann. Dazu sollte die Führungskraft übliche Fragetypen parat haben und eine gewisse Art „Fragendramaturgie" verfolgen.

Die wichtigsten Fragetypen

Welche Fragen sollten Sie stellen? Auch hier gibt es handfeste Tipps, die wir Ihnen nun vorstellen.

W-Fragen

Sicher haben Sie den Begriff der „W-Fragen“ schon einmal gehört: Fragen, die beginnen mit wer, wie, was, wann, warum, woher usw. Die typischen W-Fragen sind in aller Regel offene Fragen, die dem Gegenüber einen großen Raum zur Beantwortung lassen.

Beispiel: *Was ist der Grund für die von Ihnen geschilderte Überlastung?*

Geschlossene Fragen

Durch eine geschlossene Frage dagegen grenzen wir die Antwortmöglichkeiten erheblich ein.

Ist der Grund für die Überlastung das neue Softwaresystem? (Antwort: Ja oder Nein.)

Manche meinen, dass es ungünstig sei, viele geschlossene Fragen zu stellen. Das ist grundsätzlich richtig. Doch Erfahrungen zeigen, dass die Trennung zwischen offenen und geschlossenen Fragen nur einen begrenzten Nutzwert hat. Auch auf typische geschlossene Fragen antworten Gesprächspartner und Gesprächspartnerinnen nicht immer mit Ja oder Nein. Je nach Sachlage weichen sie aus oder interpretieren die geschlossene Frage so, als sei sie offen gestellt worden:

„Herr Meier, funktioniert die neue Software denn nun oder nicht?“

„In der Regel schon, dennoch ergeben sich immer wieder Probleme in der Schnittstelle zu unseren Lieferanten. Wir haben schon überlegt, ob nicht eine Lösung darin läge, dass…“

oder

„Frau Schmitz, Sie sind sicher kompetent, was den Umgang mit dieser Software angeht?“

„Das ist so einfach nicht zu beantworten, Herr Schulz, denn es gibt da ja noch …“

Wir empfehlen für Mitarbeitergespräche typische W-Fragen. Sie eignen sich ausgezeichnet, um von den Gesprächspartnern informative Antworten zu erhalten. Zudem fühlen sich die Gesprächspartner nicht schon durch die Frageform als solche unter Druck gesetzt – eine geschlossene Frage hat etwas „Zwingenderes“, etwas Bedrängenderes als eine offene Frage.

> Machen Sie es sich zur Regel, offene, tatsächlich mit „W“ beginnende Fragen zu stellen. Schon bald wird Ihnen dieser Fragestil zur Gewohnheit werden!

Fragen zur Sachlage und den Fakten

Zu Beginn eines Mitarbeitergespräches geht es zunächst darum, die Sachlage zu erkunden – abgesehen einmal von den Fragen im Rahmen des Smalltalks, die der allgemeinen Einleitung dienen. Die Führungskraft interessiert: Welches Problem liegt vor, welche Personen sind beteiligt, was ist insgesamt vorgefallen, wie ist das Arbeitsklima, wie sind die Erfahrungen des letzten Jahres? In dieser Phase werden typischerweise Fragen nach der Sachlage und den Fakten gestellt:

„Was ist genau vorgefallen?“

„Wie sieht Ihr Terminplan diesbezüglich aus?“

„Wie lange ist Herr Meier mit dem Projekt noch beschäftigt?“

„Was hat den Systemausfall verursacht?“

Die Fragen nach Fakten bzw. der Sachlage tragen dazu bei, dass das Problem bzw. der zu besprechende Sachverhalt in allen seinen Facetten beleuchtet wird. Das Gespräch wird dadurch auch „objektiviert“ und Spekulationen vorgebeugt. Nicht immer führen solche Fragen sofort zu der von Ihnen gewünschten Information bzw. zu dem von Ihnen gewünschten Konkretisierungsgrad. Häufig wird auf Fragen, die z. B. ein Problem genauer beleuchten sollen, sehr oberflächlich geantwortet. Aus diesem Grunde kann es nötig sein, konkretisierende Fragen zu stellen, zu „vertiefen". Hierzu ein Beispiel:

Vorgesetzter: „Was hat den Systemausfall verursacht?"

Mitarbeiter: „Die Zusammenarbeit der Abteilungen klappt einfach noch nicht, das ist der Grund."

Vorgesetzter: „Was genau funktioniert da im Zusammenspiel der Abteilungen nicht?"

Mitarbeiter: „Wir haben uns noch nicht auf einen gemeinsamen Standard des Vorgehens geeinigt."

Vorgesetzter: „Welche Standards stehen denn zur Debatte?"

Das „Nachfragen" in unserem Beispiel mag trivial erscheinen. Dennoch ist in der Gesprächspraxis häufig zu beobachten, dass Führungskräfte nicht wirklich genug fragen. Tatsächlich unterscheiden sich Führungskräfte erheblich in der Bereitschaft, durch intensive Fragen den Problemen auf den Grund zu gehen. Es sollte Führungskräften zu einer Art innerem „Impuls" werden, nachzufragen, Dinge nicht im Raum stehen zu lassen – und das unabhängig von der Frage, in welcher Gesprächssequenz sie sich gerade befinden.

Fragen nach Umfeld, Auswirkungen und Gründen

Im Verlauf des Gespräches wird das angerissene Thema immer konkreter behandelt. Im Sinne einer Lösungssuche ist es nötig, durch tiefer gehende Fragen den Sachverhalt noch besser zu verstehen. Die Führungskraft formuliert Fragen, die neben den Fakten das Umfeld und mögliche Auswirkungen thematisieren:

„Wer weiß von der Tatsache, dass Frau Meier kündigt?"

„Was sagen Ihre Teamkollegen dazu?"

„Welche Effekte hatte die Umstellung auf die neue Software?“

„Zu welchen Zeiten tritt das Problem denn nicht auf?“

„Wie unterscheiden sich Herr Meier und Frau Wolf in der Frage der Kundenansprache?“

Darüber hinaus wird die Führungskraft Fragen stellen, die die persönlichen Einschätzungen, die Erklärungen des Mitarbeiters thematisieren. Denn neben der Sachlage, den inhaltlichen Verknüpfungen ist auch immer die subjektive Einschätzung des Mitarbeiters von Belang:

„Wie haben Sie sich gefühlt, als Ihr Projekt von den anderen abgelehnt wurde?“

„Wie sehen Sie die Chancen, eine Einigung im Team zu erzielen?“

„Wie wichtig ist Ihnen die Sache?“

„Warum ist der Konflikt – aus Ihrer Sicht – derart schnell eskaliert?“

Dieser sehr intensive Fragenteil kann und soll zu einem tieferen Verständnis des Problems auf beiden Seiten führen. Indem ein Gesprächspartner intensiv zu bestimmten Themen befragt wird, werden ihm Zusammenhänge oft erst deutlich. Einseitige oder sehr starre Sichtweisen können sich auflösen (auf beiden Seiten).

Fragen können darüber hinaus auch zu einer emotionalen Beruhigung eines Gespräches führen (z. B. in kritischen Mitarbeitergesprächen). Dies gilt natürlich nur, sofern es sich nicht um Suggestivfragen oder anklagende Fragen handelt, die den anderen in eine defensive Rolle zwängen („Das Scheitern des Projektes wird doch sicherlich auch etwas mit Ihrer Kompetenz zu tun haben! Oder etwa nicht?“). Sofern aufeinander aufbauende Fragen gestellt werden, lässt sich sehr stringent auf eine Lösung hinarbeiten:

„Wie lange sind Sie mit dem Projekt noch beschäftigt?“

„Ich denke bis Mitte nächster Woche, vielleicht auch eher.“

„Wovon ist das abhängig?“

„Von der Zuarbeit von Frau Weber. Ohne die termingerechte Lieferung der Stornolisten wird es schwierig.“

„Was könnte Frau Weber daran hindern, termingerecht fertig zu werden?“

„Wie bei unserem letzten Projekt: ob Sie Lust hat oder nicht.“

„Wie schätzen Sie die Stimmung von Frau Weber denn momentan ein?“

„Schwierig, im Augenblick herrscht kein gutes Klima zwischen uns.“

Dieser intensive Fragenteil führt dazu, dass eine gemeinsame Lösung erarbeitet werden kann. Am Ende eines Gespräches sollte immer eine Lösung oder eine Maßnahme stehen – es sei denn, das Gespräch dient allein der Beziehungspflege und ist Smalltalk in Reinkultur. Fragen nach Lösungen bauen also auf den einleitenden und konkretisierenden Fragen auf.

Fragen nach Lösungen

Lösungen sollten im Idealfall vom Mitarbeiter oder der Mitarbeiterin vorgeschlagen werden. Lösungen lassen sich auf einfache Art und Weise durch Fragen herausfordern:

„Welche Ideen haben Sie, das Problem zu lösen?“

„Welche verschiedenen Lösungsmöglichkeiten sehen Sie?“

„Welche Alternativen gibt es?“

„Wie können wir vorgehen?“

Überlassen Sie die Lösung den anderen

Zu beobachten ist manchmal, dass Führungskräfte die Lösung – selbst nach einer vorbildlichen, frageorientierten Analyse im Vorfeld – letztlich selbst vorschlagen. Damit wird dem Mitarbeiter oder der Mitarbeiterin signalisiert: Mitdenken unerwünscht! Günstiger ist es daher, zunächst die Lösungsmöglichkeiten des anderen zu hören. Auch dann, wenn die vorgeschlagene Lösung in der vom Mitarbeiter vorgeschlagenen Form vom Vorgesetzten nicht akzeptiert werden wird.

„Was schlagen Sie zur Bereinigung der Situation also vor?“

„Ich würde noch einmal mit Frau Weber reden und sie von der Dringlichkeit zu überzeugen versuchen.“

„Das halte ich für eine gute Idee. Gibt es noch eine Alternative?“

„Ich könnte mir auch vorstellen, dass wir ein Gespräch zu dritt durchführen, dass Sie also mit dabei sind ...“

Die Fragen nach Lösungen steuern das Gespräch auf einen verbindlichen Abschluss hin. Dieses Vorgehen bietet auch die Gewähr, dass die am Ende eines Gespräches zu erzielenden Lösungen nicht von der Führungskraft „verkündet“ werden müssen. Das geschieht aber dann, wenn die Führungskraft die gemeinsame Lösungssuche nicht durch Fragen vorantreibt.

Haben Sie die richtige Fragendramaturgie?

Unsere Erfahrungen in zahlreichen Trainings haben gezeigt, dass eine zu komplexe „Fragendramaturgie“ die Gespräche nur behindert. Ein Mitarbeitergespräch ist kein wissenschaftliches Interview und auch keine sozialwissenschaftliche Erhebungsmethode. Sofern es sich um ein allgemeines Mitarbeitergespräch handelt, das zur Klärung eines Problems oder zum Aufriss eines bestimmten Themenbereiches dienen soll, ist eine simple Dramaturgie sinnvoll. Sie führt vom Einfachen zum Speziellen, d. h. sie orientiert sich ganz an den im vorhergehenden Abschnitt beschriebenen Fragetypen.

Zum Einstieg:
Fragen, die die Sachlage und die Fakten erkunden. Ziel ist es, zunächst allgemeine Informationen zu sammeln, das Problem zu umreißen.

Darauf aufbauend:
Fragen, die das Umfeld des Problems, Auswirkungen und Erklärungen näher beleuchten. Ziel ist es, zu konkretisieren, die Vernetzungen herauszuarbeiten.

Zur Lösungsfindung:
Fragen, die auf Lösungen zielen und Verbindlichkeit schaffen.

Die von uns vorgeschlagene Dramaturgie ist ein klassischer Dreischritt. Dieses Vorgehen gilt auch dann, wenn im Rahmen des Gespräches heftig diskutiert und argumentiert wird, dadurch wird die Suche nach einer Konkretisierung mit anschließender Lösung nicht behindert. In diesem Zusammenhang fällt häufig der Begriff des „Fragetrichters“. Freilich ist die Fragendramaturgie im Rahmen eines Einstellungsgespräches anders. Doch dazu lesen Sie im Kapitel zum strukturierten Einstellungsgespräch mehr.

Keine Suggestivfragen!

Suggestivfragen sind bei genauerer Betrachtung keine echten Fragen. Sie enthalten Bewertungen, Unterstellungen und engen die Antwortmöglichkeiten des Gesprächspartners ein. Zudem haben Suggestivfragen häufig eine negative Tendenz.

„Sie sind also ernsthaft der Meinung, es gäbe keine andere Möglichkeit die Sache zu bereinigen?“

„Herr Meier möchte ernsthaft das Personal aufstocken, trotz leerer Kassen. Denken sie das womöglich auch?“

„Sie haben doch sicher auch ein Interesse daran, dass das Projekt gut läuft?“

Auch wenn die Fragen nicht immer negativ gemeint sind, können sie so wahrgenommen werden. Und erfahrungsgemäß reagieren Menschen dann mit Widerwillen. Besser ist es, stattdessen offene, neutrale Fragen zu stellen, die natürlich auch kritisch hinterfragend ausfallen dürfen, sofern angebracht:

„Welche Möglichkeiten sehen Sie denn noch, das Problem zu lösen?“

„Wie stehen Sie zu Herrn Meiers Auffassung, dass man das Personal aufstocken möge?“

„Ich weiß, dass Ihnen ein Projekterfolg genauso wichtig ist wie mir. Was können und wollen Sie selbst dazu beisteuern?“

Hören Sie aktiv zu!

Fragen ist die erste Technik, das aufmerksame und aktive Zuhören die zweite. Versuchen Sie die Anliegen Ihrer Mitarbeiter so genau wie möglich zu verstehen. Letztlich lassen sich nur so vernünftige und gemeinsam getragene Lösungen finden oder richtige Entscheidungen treffen. Die Basis des Verstehens ist ein aufmerksames Zuhören oder anders formuliert: das „aktive“ Zuhören.

In Trainings und Seminaren wird häufig folgende ÜbungÜbung praktiziert, um den Teilnehmern die Bedeutung des aktiven Zuhörens zu vermitteln:

Die Teilnehmer werden gebeten, sich in Zweier- oder Dreiergruppen zusammenzusetzen, sich ein kontroverses Thema zu suchen und über dieses Thema zu diskutieren. Der Austausch der Argumente soll allerdings nach einer bestimmten Regel ablaufen. Diese besagt, dass das eigene Argument erst dann in den Raum gestellt werden darf, wenn das Argument des Gesprächspartners oder der Gesprächspartnerin zuvor richtig wiedergegeben und verstanden wurde.

„... Sie sind also der Ansicht, dass Schuluniformen deshalb eingeführt werden sollten, weil der wegfallende Markenzwang innerhalb der Jugendlichen die Eltern finanziell entlastet.“

„... richtig."

„Das sehe ich völlig anders. Ich denke, dass ..."

Jeder Teilnehmer des Gespräches wird also – da sie das Argument der Gegenseite ja zunächst wiedergeben muss – sehr genau zuhören, was die Gegenseite zu sagen hat. Fühlt sich die Gegenseite nämlich nicht korrekt wiedergegeben in ihrer Meinung, wird sie ihr Argument noch einmal zum besseren Verständnis wiederholen.

Wer gut zuhört, versteht mehr

Diese einfache Übung zeigt, dass das intensive Zuhören eher unüblich ist. Von den Teilnehmern wird diese Art des Diskutierens immer wieder als anstrengend beschrieben. Gleichzeitig ist allerdings oft zu hören, dass die Argumente der Gegenseite doch erheblich stärker wahrgenommen werden als in normalen Diskussionen. Offensichtlich sind wir in hitzigen Diskussionen geneigt – noch während der Gesprächspartner sein Argument vorbringt –, bereits unsere eigenen Argumente im Kopf zu formulieren. Diese können wir dann, sobald die Gegenseite verstummt ist, in den Raum „schießen". Das hat aber zur Folge, dass wir einen wesentlichen Teil der Argumentation des anderen nicht verstanden haben.

In Mitarbeitergesprächen sollte so etwas seitens der Führungskraft auf keinen Fall geschehen. Die Führungskraft hat die Aufgabe, das Problem so objektiv wie nur möglich zu durchdringen und darauf aufbauend mit dem Mitarbeiter eine Lösung zu erarbeiten. Aktives Zuhören ist aus diesem Grunde mehr als „einfaches" Zuhören. Es ist eine grundsätzliche Haltung, eine Form des Herangehens an das Gespräch.

Was bedeutet aktives Zuhören?

Die Haltung betreffend: dem Gesprächspartner wird die volle Aufmerksamkeit geschenkt und dies in der gesamten Körperhaltung, dem gesamten Auftreten gezeigt.

Die Technik betreffend: das Gesagte wird paraphrasiert bzw. gespiegelt und dadurch auf beiden Seiten ein besseres Verständnis für die besprochenen Probleme oder Sachverhalte erzeugt.

„Volle“ Aufmerksamkeit bedeutet, dass wir uns dem Gesprächspartner zuwenden, positiven Blickkontakt halten, zeitweilig bestätigend nicken, durch so genannte Bestätigungslaute wie „Hm“, „Ja“ zum Weitersprechen auffordern.

Nehmen Sie niemals ohne Entschuldigung während eines Gespräches Telefonate an (am besten gar nicht erst telefonieren!), lassen Sie Ihre Blicke nicht durch den Raum schweifen und zeigen Sie sich äußerlich nicht ungerührt.

Mit Paraphrasieren oder Spiegeln ist gemeint, dass die Aussagen des Gegenübers mit eigenen Worten wiederholt werden. Die Wiederholung oder Paraphrasierung soll gewährleisten, dass man das Gegenüber tatsächlich richtig verstanden hat. Eine gewisse Interpretation ist dabei natürlich unvermeidlich. Schauen wir uns ein Beispiel dazu an:

„... wie läuft Ihr Projekt?“

„Ach wissen Sie, es geht nicht so schnell wie gedacht. Ich sehe haus-intern einige Widerstände.“

„Sie sehen also Widerstände. Welcher Art sind diese?“

„Insbesondere die Arbeitsgruppe um Herrn Turck verfolgt eine ganz andere Strategie. Dort beschreitet man einen völlig anderen Weg.“

„Sie denken also nach wie vor, Ihre Variante sei die richtige Lösung?“

„Ja, ganz eindeutig. Ich bin der Auffassung, dass kein Weg an der von mir vorgeschlagenen Auslagerung des Bereiches vorbeiführt.“

Aktives Zuhören bedeutet also einerseits, seinem Gegenüber Fragen zu stellen, ihn andererseits ausreden zu lassen. Letztlich sind also die Fragetechniken (s. o.) und das aktive Zuhören sehr eng miteinander verbunden. Es ist ein Wechselspiel zwischen Fragen/Konkretisieren (durch offene Fragen) und Zuhören/Paraphrasieren. Wenn Sie wie oben beschrieben immer konkreter werdende Fragen stellen und die Äußerungen des anderen häufig wiedergeben bzw. spiegeln, dann gelangen Sie zielsicher zu praktikablen Lösungen.

Übung: Aktives Zuhören

Diskutieren Sie mit einem Kollegen oder einer Kollegin ein von Ihnen selbst gewähltes, kontroverses Thema.

- Gehen Sie so vor, dass Sie ein weiteres, eigenes Argument erst nach dem Paraphrasieren, d. h. nach einer Wiederholung des Argumentes des Gesprächspartners nennen.
- Dieser muss Ihre Wiederholung zunächst mit „stimmt“ oder „richtig verstanden“ quittieren. Sofern Sie dann Ihr eigenes Argument genannt haben, muss Ihr Gesprächspartner dieses auch zunächst wiederholen (... Sie sagen also, dass ...) und auf Ihre Bestätigung warten, bis er sein Argument bringen darf.
- Halten Sie den kontrollierten Dialog mindestens 10 Minuten aufrecht.

Nutzen Sie Ich-Botschaften!

In belastenden Gesprächssituationen, z. B. in einem Kritikgespräch oder einem Konfliktgespräch mit einem Kollegen, sollten Sie den anderen nicht mit (Schuld-)Vorwürfen belasten. Denn die Reaktion darauf ist in aller Regel „wie du mir, so ich Dir". Es kommt zur so genannten „Reaktanz" (Widerwillen, Widerstand). Vorwürfe führen zwangsläufig zu einer Eskalation schwieriger Gespräche.

„Herr Paschen, ich finde es bedauerlich, dass Sie so unkooperativ reagieren."

„Ich unkooperativ! Sie sind doch derjenige, der hier die Stimmung anheizt. Ich verteidige mich nur!"

Unabhängig von der Frage, wer nun tatsächlich für den emotionalen Verlauf des Gespräches verantwortlich ist, heizt eine so genannte Du-Botschaft die Stimmung an. Eine Du-Botschaft (im beruflichen Kontext üblicherweise eine Sie-Botschaft) schiebt dem anderen die Schuld zu bzw. macht diesen verantwortlich.

„Sie reagieren wie ein Kleinkind."

„Sie haben damit offensichtlich ein Problem!"

„Da haben Sie mit aller Sicherheit Unrecht!"

„Sie reagieren so emotional, weil Sie nicht konfliktfähig sind."

Insbesondere Kritik, die in Form einer Du-Botschaft geäußert wird, belastet das Gesprächsklima immens. Der Gesprächspartner oder die Gesprächspartnerin fühlt sich getadelt, herabgesetzt oder provoziert. Entsprechend fällt die Reaktion aus.

Eine Ich-Botschaft dagegen thematisiert zwar den gleichen Sachgegenstand, drückt dies aber in einer anderen Form aus. Statt „Sie reagieren wie ein Kleinkind" könnte die Führungskraft auch sagen „Ich fühle mich von Ihnen in dieser Situation nicht fair behandelt!" Da eine Ich-Botschaft von einem selbst, den eigenen Gefühlen oder Wahrnehmungen spricht, ist einer Ich-Botschaft schwer zu widersprechen. Auf die Aussage „Ich fühle mich von Ihnen in dieser Situation nicht fair behandelt!“ kann man nicht antworten „Das stimmt nicht!“ Andere Varianten der Du-Botschaften sind so genannte Man-Aussagen. Eine Man-Aussage ist eine im Passiv geäußerte Botschaft, die sich nicht direkt an den anderen richtet (scheinbar):

„Hier läuft aber auch gar nichts mehr!“

„Ich ackere und ackere Tag und Nacht. Und was ist der Lohn dafür?“

„Man kommt hier einfach nicht zur Ruhe, schrecklich!“

Sofern eine Führungskraft derartige Aussagen gegenüber einem Mitarbeiter tätigt, wird damit zwar kein direkter, aber ein indirekter Schuldvorwurf in den Raum gestellt. Sowohl Du-Botschaften wie Man-Aussagen lenken vom Kern der Sache ab.

> Formulieren Sie selbstbewusste Ich-Aussagen und geben Sie damit dem Gesprächspartner die Möglichkeit, offen Stellung zu beziehen.

Ich-Botschaften sind zwar keineswegs weniger konfrontativ. Sie sind aber gesprächstechnisch gesehen günstiger, da sie eine Diskussion erlauben und nicht zwangsläufig zu einer Eskalation führen. Hierzu einige Beispiele:

„Das sehe ich ganz anders als Sie.“ vs. „Da haben Sie Unrecht!“

„Dieses Vorgehen hat mich sehr überrascht.“ vs. „Sie haben keine Ahnung, wie man da vorgeht!“

„Es hat mich enttäuscht, dass Sie mich nicht vorher darüber informiert haben.“ vs. „Sie wollen einfach nicht mit mir darüber reden!“

„Ich verstehe nicht, warum Sie das Problem auf diese Art und Weise lösen möchten." vs. „Sie haben ja keine Ahnung!"

„Ich fühle mich nicht wohl damit, die Kollegen und Kolleginnen hier ungleich zu behandeln." vs. „Sie legen nicht viel Wert auf Teamgeist!"

„Ich bin in Sorge, dass Sie die Präsentation morgen nicht in der nötigen Art und Weise bewältigen werden." vs. „Sie sind nicht fähig, die Sache morgen gut zu einem Ende zu bringen!"

Ich-Aussagen finden Anwendung in fast allen Beurteilungs-, Zielvereinbarungs- und Entwicklungsgesprächen. Sie sollten der „Standard" sein, mit dem Führungskräfte Situationen beschreiben, Probleme schildern, auf Lösungen hinarbeiten. Du-Botschaften sollten nach Möglichkeit vermieden werden.

Übung: Ich-Botschaften
Formulieren Sie die folgenden Sätze, die allesamt sog. Du- oder Sie-Botschaften sind, in Ich-Botschaften um:
Sie verqualmen das ganze Zimmer mit der ständigen Raucherei!
Sie können sich nicht ausdrücken!
Andauernd kommen Sie rein und stören den Ablauf!
Die von Ihnen gelieferten Listen kommen zu spät.
Sie halten den ganzen Betrieb auf!
Sie sind wirklich langsam und kommen mit der Vorlage überhaupt nicht zu Rande!
Sie treten wie ein Elefant im Porzellanladen auf!
Kommen Sie mir nicht immer so nah!
Fahren Sie gefälligst nicht so schnell.

Argumentieren Sie überzeugend!

Ein wesentlicher Teil eines Mitarbeitergespräches besteht darin zu argumentieren, den anderen im Dialog zu überzeugen (oder überzeugt zu werden). Fehlt eine solche Phase im Mitarbeitergespräch, teilt der Mitarbeiter entweder zu 100 % die Meinung der Führungskraft oder die Führungskraft hat dem Mitarbeiter keinen Raum gegeben, eine gegenteilige Position zu beziehen. Für Führungskräfte sollte das Fehlen einer intensiven Diskussion eher eine Art Warnsignal sein. Sicher ist es möglich, dass Gespräche völlig glatt verlaufen, dass keine großen Differenzen auftreten. Typischerweise sind Gesprächspartner aber nicht immer einer Meinung und es gilt, diese Meinungsunterschiede transparent zu machen und trotzdem zu einer Lösung zu kommen.

Vorgesetzter:„... wie stellen Sie sich das vor, Herr Schulz?"

„Ich bin der Auffassung, dass wir kein Teamtraining machen sollten. Ich denke, dass sich die momentan zu beobachtenden Schwierigkeiten in der Zusammenarbeit auch von selbst lösen werden. Eigentlich verstehen wir uns alle ganz gut."

„Durch welchen Mechanismus lösen sich denn die Probleme von selbst, wie Sie es sagen?"

„... na einfach durch die Zusammenarbeit, dadurch, dass wir uns immer weiter kennen lernen."

„Darauf möchte ich aber nicht vertrauen Herr Schulz. Die Probleme innerhalb der Abteilung sind ja inzwischen schon beim Kunden sichtbar."

„Aber Herr Meier, ein Teamtraining kostet uns volle drei Tage Zeit. Das können wir uns doch momentan gar nicht leisten, so viel Zeit haben wir doch gar nicht."

„Sie haben völlig Recht, wenn Sie auf den Zeiteinsatz verweisen. Andererseits geht momentan derart viel Zeit ins Land für die Bearbeitung von Reklamationen und internen Abstimmungsproblemen, dass sich in der Summe sicherlich eine positive Bilanz des Teamtrainings ergeben wird."

Der Normalfall sind Diskussionen und nicht die vollkommene Einigkeit.

Im Rahmen eines Mitarbeitergespräches kann es natürlich dazu kommen, dass ein Vorgesetzter oder eine Vorgesetzte trotz guter Argumente der Gegenseite letztlich seine eigene Meinung durchsetzen muss. Für eine Führungskraft ist das selbst unter dem Gesichtspunkt einer prinzipiell kooperativen Führung legitim. Die Frage ist nur: wie setzt man sich in diesem Fall durch? Erfahrungsgemäß akzeptieren die Mitarbeiter Entscheidungen besser, wenn sie nach einer intensiven Diskussion und Argumentation gefällt wurden. So wie in folgendem Fall sollte die Führungskraft jedenfalls nicht vorgehen:

Vorgesetzter: „... wie stellen Sie sich das vor, Herr Schulz?"

„Ich bin der Auffassung, dass wir kein Teamtraining machen sollten. Ich denke, dass sich die momentan zu beobachtenden Schwierigkeiten in der Zusammenarbeit auch von selbst lösen werden. Eigentlich verstehen wir uns alle ganz gut".

„Das sehe ich anders. Ich habe den Termin auch schon auf die 24. Kalenderwoche gelegt".

„Aber Herr Meier, ein Teamtraining kostet uns volle drei Tage Zeit. Das können wir uns doch momentan gar nicht leisten, gerade in der 24sten Kalenderwoche geht es bei uns hoch her!"

„Herr Schulz, Sie können natürlich lange debattieren, aber das wird jetzt so gemacht!"

Für die Mitarbeit und das so genannte Commitment der Mitarbeiter ist eine solche Strategie sicher nicht förderlich. Gleichrangige Gesprächspartner lassen sich auf diese Art und Weise ohnehin nicht überzeugen. Eine geschickte Einwandbehandlung und Argumentation sichern also den Gesprächserfolg. Sie kann zudem für eine Vielzahl von Gesprächssituationen sinnvoll sein, vom Mitarbeitergespräch bis hin zum Verkaufsgespräch. Allerdings sollte man sich nicht darüber hinweg täuschen, dass eine geschickte Argumentation zwar in einer Gesprächssituation zu einem „Gesprächserfolg" führen kann. Die Gefahr, als bloßer „Rhetoriker" entlarvt zu werden (und infolgedessen nicht mehr ernst genommen zu werden), besteht trotzdem.

Die folgenden Techniken helfen Ihnen, mit den Einwänden der Mitarbeiter besser umzugehen. Die klassische Einwandbehandlung – wie sie in Trainings zu Verkaufsgesprächen gelehrt wird – ist im Mitarbeitergespräch allerdings nicht angebracht. Mitarbeiter akzeptieren zwar eine Führungskraft, die geschickt argumentiert, doch keinen Fallen stellenden Rhetoriker.

Einwandbehandlung bei Uneinigkeit

Grundsätzlich sollten Sie auf einen Einwand des Gesprächspartners immer reagieren. Denn wer einen Einwand im Raum stehen lässt – unabhängig von der Tatsache, wer letztlich objektiv „Recht" hat –, wird als unterlegen betrachtet. Die nachfolgend beschriebenen Möglichkeiten der Einwandbehandlung sind darauf gerichtet, Einwände zu entkräften. Im Rahmen eines Führungsgespräches sollte die Einwandbehandlung natürlich kooperativer und weniger aggressiv verlaufen als in einem Akquisegespräch.

Die vorgestellten Techniken sind in der Gesprächspraxis als solche nicht immer sauber zu unterscheiden. Und sicherlich denkt ein geübter Sprecher an keiner Stelle im Gesprächsverlauf „... jetzt versuche ich es mit der Vorteil-/Nachteiltechnik". Der Einsatz dieser Techniken verläuft automatisch.

Einwand-Vorwegnahme-Technik

Flechten Sie mögliche Einwände der Gegenseite in das eigene Argument ein. Das löst zwar noch nicht das Problem, verhindert jedoch, dass der Gesprächspartner sein Gegenargument noch einmal in epischer Breite vorträgt. Zudem haben Sie die Möglichkeit, bestimmte Aspekte bereits im Vorfeld zu entkräften. In hitzigen Diskussionen verhindert eine solche Argumentationsweise auch, dass sich der Gesprächspartner in eigene Argumente verbeißt oder sich durch das permanente „Widerlegen“ der vorgebrachten Punkte durch die Führungskraft gedemütigt fühlt. Im Folgenden einige Beispiele:

„Sie können an dieser Stelle natürlich einwenden, dass das Teamtraining auch Zeit in Anspruch nimmt, sogar eine halbe Woche Zeitverlust mit sich bringt. Dagegen steht aber …“

oder

„Um es gleich im Vorfeld zu sagen: ja, es wird anstrengend. Ich möchte das gar nicht verhehlen. Aber …“

oder

„Sicherlich haben Sie mit Ihren Kolleginnen bereits darüber gesprochen. Und ich nehme an, dass Sie insbesondere das Pflegen der neuen Datenbank als Problem ansehen. Hier habe ich bereits für Abhilfe gesorgt. Ich werde veranlassen, dass …“

Achten Sie darauf, dass der Gegenseite die möglichen Einwände nicht suggestiv unterstellt werden. Auch das führt zu (berechtigtem) Widerstand:

„Wie ich Sie kenne, werden Sie an dieser Stelle einwenden, dass das Teamtraining Ihre Zeit in Anspruch nimmt und Sie komplett blockiert. Sicherlich haben Sie darüber auch schon mit den Kollegen gesprochen. Dagegen steht aber …“

„… darf ich mal unterbrechen. Was meinen Sie denn mit ‘Wie ich Sie kenne’? Wollen Sie mir unterstellen, dass ich …“

Formulieren Sie die Einwand-Vorwegnahme sehr neutral:

„… hier könnte man sicher einwenden, dass … Tatsächlich ist es aber so, dass …“

„So mancher denkt, dass es … Ich dagegen nehme an, dass …“

Bumerang-Methode

Bei der Bumerang-Methode wird das Argument bzw. der Einwand der Gegenseite aufgenommen und gleichsam „zurückgegeben".

„... wir sind in unserer Abteilung jetzt schon so überlastet! Wie soll das denn auch noch gehen!"

„Gerade weil die Arbeitsbelastung in Ihrer Abteilung so hoch ist, werden wir jetzt das neue Abrechnungssystem ausprobieren. Es wird nämlich dazu führen, dass der Druck endlich nachlässt."

Natürlich funktioniert eine solche Methode nur, wenn Ihr Argument, das mit „gerade deshalb" eingeleitet wird, inhaltlich zu der Aussage des anderen passt. Andernfalls fühlt sich der Gesprächspartner nicht ernst genommen. Beispiel:

„... wir sind in unserer Abteilung jetzt schon so überlastet! Wie soll das denn auch noch gehen!"

„Gerade, weil die Arbeitsbelastung in Ihrer Abteilung so hoch ist, sollten wir mal über eine Reduktion der Überstunden reden."

Gegenfrage

Die Gegen- oder Rückfrage-Technik verwenden Sie, wenn Sie z. B. die Einwände des anderen noch nicht ganz verstehen. Sie hilft Ihnen auch Zeit zu gewinnen, falls Sie Ihre eigenen Argumente noch sortieren müssen. Außerdem eignet sich die Technik dazu, den anderen immer wieder in die Lösungssuche mit einzubeziehen.

Mitarbeiterin: „Ich bin der Auffassung, dass wir kein Teamtraining machen sollten. Die Zeit dazu fehlt uns einfach".

„Was schlagen Sie stattdessen an Lösungen vor?" oder „Wenn ich Sie recht verstehe, haben Sie eine eigene Lösung?"

Derartige Rückfragen sollten einer Führungskraft ohnehin „auf der Zunge“ liegen. Denn sofern Sie nicht selbst fragen, müssen Sie argumentieren, d. h. Stellung beziehen. Und das ist viel anstrengender!

Anekdoten

Anekdoten bzw. kleine Episoden, die die Bewältigung eines Problems illustrieren, können bei der Einwandbehandlung sehr nützlich sein. Achten Sie aber darauf, dass die Anekdoten auch tatsächlich auf Lösungen verweisen.

„... wir sind in unserer Abteilung jetzt schon so überlastet! Wie soll das denn auch noch gehen!“

„Wissen Sie Herr Meier, ich war vor einigen Jahren in einer ähnlichen Situation wie Sie jetzt. Ohne dass ich an dieser Stelle oberlehrerhaft wirken möchte, schildere ich Ihnen einmal meine eigenen Erfahrungen. Ich hatte die Abteilung „Systeme“ bei meinem früheren Arbeitgeber neu übernommen. Die Mitarbeiterinnen und Mitarbeiter standen mir damals sehr skeptisch gegenüber. Dennoch versuchte ich ...“

Mittels einer Geschichte kann man auch „indirekt“ Botschaften übermitteln, die man ansonsten nur als direkte Handlungsanweisungen formulieren könnte („Jetzt machen Sie das mal so.“). Es ist sicher eleganter, von seinen eigenen Bemühungen zu berichten („Ich habe damals dann Folgendes probiert ...“). Sie demonstrieren damit, dass es sich lohnt, nach Lösungswegen zu suchen, eigene Erfahrungen zu sammeln.

Öffnungsmethode

Wenn Sie im Gespräch spüren, dass der Gesprächspartner noch nicht vollends überzeugt ist bzw. mit inneren Widerständen kämpft, wenden Sie die so genannte „Öffnungsmethode“ an.

„Frau Schott, ich sehe, dass Sie noch nicht ganz zufrieden sind mit der Lösung. Darf ich fragen, woran das liegt?“

oder

„Ich sehe, dass Sie noch Zweifel haben. Sind tatsächlich alle Fragen beantwortet?“

Wenn zu erkennen ist, dass der Gesprächspartner immer stiller wird, können Sie ihn mit dieser Methode wieder aktivieren. Vielleicht sagt der Mitarbeiter nichts mehr, weil er denkt: „... lass die Chefin mal reden“ Mit einer einfachen Frage können Sie die Blockade schnell lösen!

Ja-Aber-Technik

Bei dieser Technik nimmt man den Einwand der Gegenseite zunächst auf, verbindet ihn aber mit einem möglichen Vorteil bzw. einem anderen Aspekt.

„Sie haben da ganz Recht, Frau Schüwer, diese Vorgehensweise erfordert einen hohen Aufwand. Allerdings wird sich auf diese Weise die Sache sehr beschleunigen lassen und …“

Beginnen Sie nach Möglichkeit nicht immer mit der Einleitung „Ja, aber ...“. Möglich sind auch Floskeln wie: „Stimmt, dennoch …“, „Ja, das sehe ich ähnlich“, „Trotzdem können wir …“. Die Erfahrung in Gesprächen zeigt, dass ein „Zustimmen“ immer diplomatischer und eleganter klingt als ein schroffes „Nein“, verbunden mit weiteren Vorschlägen.

Übung: Einwandbehandlung

Einwandbehandlung übt man am besten zu zweit. Sie können sich mit einem Kollegen oder einer Kollegin typische Gesprächssituationen herausgreifen, in denen Sie als Führungskraft systematisch mittels der angesprochenen Techniken hartnäckig dargebrachten Einwänden entgegnen. Sie und der Kollege bzw. die Kollegin wechseln sich in der Rolle des „widerständigen“ Gesprächspartners ab. Themen, über die Sie diskutieren könnten sind:

- Gehaltserhöhung
- neue Büroausstattung für den Mitarbeiter oder die Mitarbeiterin
- einen eigenen Dienstwagen für den Mitarbeiter oder die Mitarbeiterin
- der Wunsch des Mitarbeiters oder der Mitarbeiterin nach einem späteren Arbeitsbeginn

Holen Sie sich Feedback ein!

Feedback zu geben ist eine grundlegende Führungsfunktion. Mit Feedback ist eine Rückmeldung zur Person, zum Auftreten bzw. der Wirkungsweise des anderen gemeint. Durch Feedback können sich Mitarbeiter entwickeln, an sich arbeiten.
Eine Aussage über sachliche Beobachtungen („Ein Kunde hat sich über Sie beschwert.") fällt hingegen nicht unter den Begriff Feedback.

Auch Führungskräfte brauchen Feedback

Darüber hinaus ist es aber auch für Führungskräfte wichtig, Feedback zu bekommen – nämlich von ihren Mitarbeitern. Feedback soll dazu dienen, den so genannten „blinden Fleck" zu verkleinern, jenen Teil unserer Außenwirkung, den wir selbst nicht mehr wahrnehmen. Das so genannte Johari-Fenster, benannt nach den Autoren Joe Luft und Harry Ingham, ist ein einfaches Modell, das den Aspekt des „blinden Flecks" illustriert.

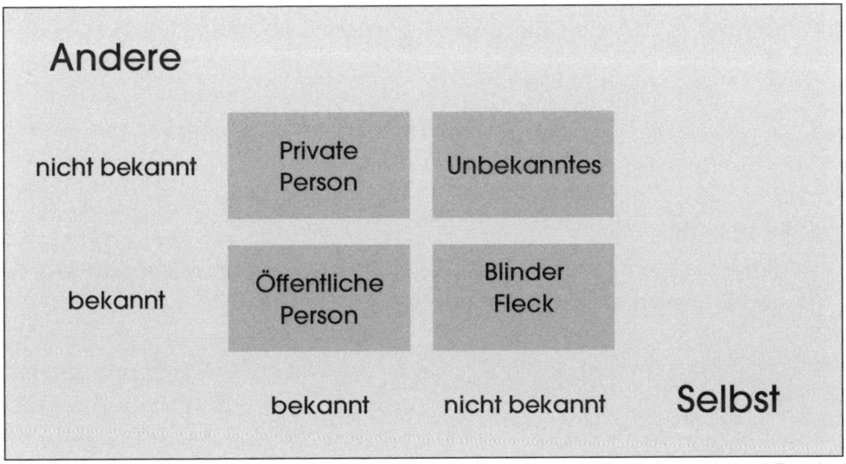

Abbildung: Johari-Fenster

Quadrant A, die öffentliche Person: Dies ist der Teil unserer Person, der sowohl uns als auch anderen bekannt ist und den wir offen und frei zeigen.

Quadrant B, die private Person: Das ist der Bereich des Verhaltens, der zwar uns selbst bekannt und bewusst ist, den wir aber anderen nicht bekannt machen. Dazu gehören Eigenschaften, Gedanken und Handlungen, die wir anderen nicht mitteilen, weil sie z. B. zu intim sind oder uns verletzbar machen.

Quadrant C, der blinde Fleck: Der Teil der Selbstwahrnehmung, d. h. der Teil des Verhaltens, der für andere sichtbar und erkennbar ist, uns selbst dagegen nicht bewusst. Dies sind z. B. Gewohnheiten, Vorurteile, Körpergesten oder unsere Reaktionsweisen in bestimmten Situationen, die andere an uns durch Beobachtung bemerken.

Quadrant D, das Unbekannte: Vorgänge, die weder uns noch andern bekannt sind und sich in dem Bereich bewegen, der in der Tiefenpsychologie unbewusst genannt wird.

Wie wir wirklich auf andere Menschen wirken (Quadrant C), können wir oft nur erahnen. Unsere Annahmen können – das zeigt die Erfahrung aus unzähligen begleiteten Feedbackgesprächen – der Ansicht des Feedbackgebers widersprechen. Dieser Überraschungseffekt wirkt sich oft negativ auf Gespräche aus. Hier kann viel Porzellan zerschlagen werden:

„Frau Schulz, Sie sind einfach kein Team-Mensch. Sie haben solche Schwierigkeiten, mit anderen zusammenzuarbeiten."

„Wie? Aber wie kommen Sie denn darauf? Ich arbeite so gerne mit meinen Kollegen zusammen. Was habe ich denn getan, dass Sie so von mir denken? Arbeite ich Ihnen nicht gut genug?"

Sofern die Beschreibung der Führungskraft von der Wahrnehmung der beurteilten Person deutlich abweicht oder negativ konotiert ist, entsteht in der Regel Widerwillen („Woher nimmt der das Recht, mich so zu beschreiben!").

Was gehört eigentlich zu einem guten Feedback?

Damit Sie ein konstruktives Feedback geben, sollten Sie einige Regeln beherzigen. Gerade wenn es sich um negatives Feedback handelt, kann eine angemessene Formulierung unangenehmen Reaktionen vorbeugen.

Regeln für das Feedback

- Machen Sie deutlich, dass es sich um Beobachtungen, Meinungen und nicht um Fakten handelt.
- Nutzen Sie Ich-Aussagen: Schildern Sie, was Sie selbst beobachtet haben, wie Verhaltensweisen auf Sie gewirkt haben, was Sie empfunden haben.
- Beschreiben Sie nur Verhaltensweisen, die prinzipiell veränderbar sind.
- Unterlassen Sie Wertungen, vor allem werten Sie den anderen nicht ab.

Führungskräfte sollten es sich zur Regel machen, auf kritische Verhaltensweisen von Mitarbeitern unmittelbar zu reagieren. Dazu sollte natürlich der Rahmen geschaffen werden, d. h. die Möglichkeit, im Rahmen eines Gespräches – das nicht unbedingt ein turnusmäßiges Mitarbeitergespräch sein muss – zusammenzukommen. Erfahrungsgemäß ist es während der Probezeit eines neuen Mitarbeiters wichtig, sehr zügig Rückmeldung zu geben. Nur dann ist zu erkennen, wie veränderungsbereit der Mitarbeiter ist. Geradezu unfair ist es, negative Verhaltensweisen auflaufen zu lassen und dann in einem „großen Abwasch" umfassendes Feedback zu unterschiedlichsten Verhaltensbereiche zu geben. Ein solches Feedback muss immer als Vorwurf ankommen.

Begehen Sie nicht den Fehler, Ihre Mitarbeiter immer nur auf ihre Fehler aufmerksam zu machen. Lob ist wichtig! Sie sollten nicht davon ausgehen, dass ein Mitarbeiter „schon selbst weiß", dass Sie ihn schätzen.

> Wer nur negatives Feedback gibt, frustriert und demotiviert seine Mitarbeiter. Loben Sie Ihre Mitarbeiter öfter, drücken Sie Ihre Anerkennung aus!

Hier einige Vorschläge für einen adäquaten Feedback-Stil:

„... zu Beginn Ihrer Tätigkeit in unserer Abteilung habe ich Sie als sehr schnell, sehr aufgeregt wahrgenommen. Inzwischen wirken Sie auf mich sehr viel ruhiger, entspannter".

„Auf mich wirkt Ihre Haltung z. T. abweisend, wenig kontaktorientiert. Ich weiß manchmal nicht, wie ich Sie ansprechen soll, weil ich schwer einschätzen kann, wie Sie dann reagieren."

„Im Kontakt zu Kunden erlebe ich Sie sehr geradeheraus, sehr direkt. Ich wünsche mir, dass Sie sich gerade in der Anfangsphase etwas zurückhalten."

Feedback aus einer speziellen Situation heraus:

„Ich merke, Sie zögern. Ich habe den Eindruck, dieses Zögern häufiger an Ihnen gesehen zu haben, wenn es um die Entscheidungen hinsichtlich der Neustrukturierung Ihres Bereiches geht."

„Frau Schulz, ich sehe, dass Sie sich zu dieser Frage noch nicht geäußert haben. Ich würde mich aber freuen, auch Ihre Meinung dazu zu kennen."

Und wie steht es um Ihr eigenes Feedback?

Wie gesagt, auch eine Führungskraft sollte Feedback bekommen bzw. aktiv einholen (soweit es die Führungsbeziehung zu den Mitarbeitern erlaubt).

WIE NEHMEN SIE DAS FEEDBACK ENTGEGEN?

- Hören Sie zu, ohne den anderen zu unterbrechen!
- Sofern etwas nicht verstanden wurde, fragen Sie nach!
- Rechtfertigen Sie sich nicht, argumentieren Sie nicht!

Sollten Sie von einem Mitarbeiter Feedback bekommen, bringen Sie zum Ausdruck, dass Sie dankbar für diese Rückmeldung sind. Das Feedback einfach stumm zu quittieren oder mit den Worten „klingt ja interessant“ zu kommentieren, ermuntert den Feedbackgeber nicht dazu, Ihnen weiteres Feedback zu geben. (Ein Vorgesetzter lässt sich dadurch natürlich nicht abhalten, Ihnen weiteres Feedback zu geben.) Im Übrigen ist es günstig, nach einer Weile Rückmeldung darüber zu geben, was das Feedback bewirkt hat.

Formulieren Sie Anweisungen klar und eindeutig!

Formulieren Sie immer klar und deutlich, was Sie wollen. Halten Sie andere nie im Unklaren darüber, was Sie als Führungskraft möchten, was Sie von anderen erwarten, welche Arbeitsergebnisse Sie sich wünschen. Auch in Mitarbeitergesprächen sollte für den Gesprächspartner eine klare Botschaft erkennbar sein. Sagen Sie, welche Aufgaben erledigt werden sollten, welchen Entwicklungsbedarf Sie bei anderen sehen, wie man miteinander umgehen soll. Klarheit wäre schon bei der Delegation im Arbeitsalltag wünschenswert. Eher typisch sind allerdings folgende Gespräche:

Herr Meier: „Frau Starnberg, es wäre schön, wenn Sie mir dazu ein Konzept vorlegen könnten, recherchieren Sie doch bitte, was Sie dazu finden. Bis morgen dann, ich muss jetzt leider fahren ...“

Am folgenden Tag sitzen Herr Meier und Frau Starnberg über dem Konzept, an dem sich Frau Starnberg aufgrund der dürren und unpräzisen Anweisungen Herrn Meiers noch bis um 22 Uhr abgearbeitet hat. Sie ist sich überhaupt nicht sicher, ob das erarbeitete Konzept etwas mit dem zu tun hat, was Herr Meier sich vorstellt.

„Das ist schon sehr gut Frau Starnberg. Ich hätte mir das natürlich etwas präziser gewünscht. Es ist doch klar, dass an dieser Stelle etwas mehr „Futter" rein muss, das ist doch das zentrale Element des Ganzen. Und hier ..."

Herr Meier tags darauf zu einer Kollegin: „Also Frau Starnberg ist schon ganz o. k. Ich habe nur das Gefühl, dass man ihr alles bis ins Detail erklären muss."

Chefs drücken sich oft unklar aus

Die geschilderte Situation ist keineswegs aus der Luft gegriffen. In regelmäßigem Turnus führt das so genannte Gallupp Institut eine internationale Befragung von Mitarbeiterinnen und Mitarbeitern sowie Führungskräften durch. Unter anderem nennen die Mitarbeiter auch Präferenzen hinsichtlich der Verhaltensweisen ihrer Führungskräfte. Am häufigsten wünschen sich Mitarbeiter „gründlich vorbereitete Entscheidungen, damit sie nicht fortlaufend umgeworfen werden". Oft werden Sätze formuliert wie: „Er soll nicht glauben, dass ich ihn bereits verstanden habe, wenn er etwas sagt.", „Bei Gesprächen soll er nicht andauernd Wesentliches und Unwesentliches vermischen." und „Ich möchte besser informiert sein.", „Ich möchte Aufträge besser verteilt bekommen.". Offenbar leiden sehr viele Mitarbeiter darunter, dass die Anweisungen ihrer Vorgesetzten nicht klar, transparent und verständlich genug sind.

Grundsätzlich gilt das Prinzip der Verständlichkeit für jede Art von Bitte, Appell bzw. Anweisung. Klarheit und Transparenz sind beispielsweise auch wichtig, wenn es um die persönliche Weiterentwicklung eines Mitarbeiters geht. Führungskräfte sollten sehr genau formulieren, was Sie sich wünschen, bei welchen Verhaltensweisen Sie Korrekturen erwarten. Achten Sie bei der Formulierung von Appellen, Anweisungen und Bitten auf folgende Punkte:

Vermeiden Sie indirekte Formulierungen

Sagen Sie nie Sätze wie: „Es müsste hier mal jemand für Ordnung sorgen". Ein Mitarbeiter, der sehr stark auf dem Appellohr hört (siehe oben), wird den Appell sofort auf sich beziehen und sich angesprochen fühlen. Andere Mitarbeiter verstehen die Aussage des Vorgesetzten als eine Art Sachaussage oder Feststellung und reagieren nicht so, wie die Führungskraft es sich wünscht. Vermeiden Sie also auch Sätze wie „Man könnte einmal damit beginnen, die Datenbank auf den neuesten Stand zu bringen" oder „Es wäre natürlich schön, wenn wir dann irgendetwas vorliegen hätten". Besser ist es, eine ganz klare Ansage zu treffen: „Frau Schulz, könnten Sie bitte bis Dienstag die Datenbank auf den neuesten Stand bringen?" Oder „Herr Stöwe, ich würde mich freuen, wenn Sie bis morgen das Lager wieder so sortiert haben, wie es vor der Ausstellungswoche sortiert war. Holen Sie sich dazu Unterstützung".

HÖFLICHKEIT LOHNT SICH

Erteilen Sie Anweisungen immer in Form einer Bitte. Dass Vorgesetzte anweisungsberechtigt sind, steht außer Frage. Das bedeutet aber nicht, dass sie unhöflich sein müssen. Ihre Mitarbeiter werden sich lieber an die Arbeit machen, wenn die Aufgaben in einem freundlichen und persönlichen Ton erteilt werden. Auch eine Formulierung wie „im nächsten Projekt könnten Sie sich etwas mehr anstrengen" ist unangebracht. Wenn es Probleme hinsichtlich der Arbeitsqualität oder Quantität gibt, sollte dies lieber im Rahmen eines vernünftigen Feedback-Gespräches angesprochen werden statt „ nebenbei".
Hier ein paar Vorschläge, wie Sie Arbeitsanweisungen freundlich formulieren:

„Wäre es Ihnen möglich, bis …"

„Könnten Sie es schaffen, bis morgen …"

„Würde es Ihnen etwas ausmachen, die Überarbeitung bis …"

Zusammenfassung

- Wer aktiv zuhört, versteht seinen Gesprächspartner besser.
  Aktives Zuhören bedeutet Fragen zu stellen, Äußerungen des Gegenübers mimisch und gestisch zu bestätigen, zu spiegeln und zu paraphrasieren.

- Die Fragendramaturgie sollte sich an der Regel „vom Einfachen zum Speziellen“ orientieren, d. h. in Form eines Fragetrichters.
- Stellen Sie offene Fragen, nutzen Sie die typischen W-Fragen.
- Integrieren Sie Viel- und Nicht-Redner.
  Während bei Viel-Rednern klare Aussagen, klare Absprachen und das aktive Unterbrechen des Redeflusses im Vordergrund stehen, sollten Nicht-Redner aktiv in das Geschehen eingebunden werden, beispielsweise durch offene Fragen oder durch Teilnahme an der Lösungsfindung.

EXKURS: GIBT ES DIE PERFEKTE KOMMUNIKATION?

Wenn wir über die vielen Möglichkeiten sprechen, in Gesprächen mittels rhetorischer Techniken seine Ziele zu erreichen, sollten wir Folgendes nicht vergessen: wichtig für das Gelingen eines Gespräches ist vor allem auch die Haltung, das persönliche Auftreten. Wir können ebenso den Begriff der Authentizität an dieser Stelle verwenden. Steht also das, was Sie sagen, im Einklang zu Ihren Handlungen und werden Sie auch aufgrund dieser Tatsache als Führungskraft akzeptiert?

Wir raten Ihnen, die Gesprächstechniken als Hilfe zu verstehen, nicht aber als Muss. Fallen Ihnen keine offenen Fragen ein, stellen Sie guten Gewissens die Fragen, die Ihnen einfallen. Schaffen Sie es nicht, ein Konfliktgespräch im ersten Anlauf zu einem Erfolg zu führen, ist dies kein Beinbruch. Beraumen Sie dann ein zweites, besser vorbereitetes Gespräch an. Für Korrekturen besteht immer dann Raum, wenn Sie als Führungskraft akzeptiert werden und wenn Sie mit Ihren Fehlern und Unzulänglichkeiten offen umgehen. Diese Einsicht sollte Ihnen einen ganz und gar unverkrampften Umgang mit den in diesem Buch vorgestellten Techniken ermöglichen.

Umgang mit Viel- und Nichtrednern

Mitarbeiter und Mitarbeiterinnen unterscheiden sich naturgemäß in ihrem Temperament, in ihren Sorgen und Nöten, in ihrem Gesprächsverhalten. In aller Regel kennen Führungskräfte die Ecken und Kanten ihrer Mitarbeiter mit der Zeit. Dennoch gibt es (Gesprächs-) Typen, die Führungskräfte vor Rätsel stellen bzw. schwer zu bewältigen sind. Dies sind z. B. Mitarbeiter, die so genannte Viel- oder Nichtredner sind.

Liegt es an Ihnen, wenn andere schwierig sind?

Wenn manche Mitarbeiter in Gesprächen schwer zu stoppen sind, andere nur dasitzen und schweigen, dann sollte sich die Führungskraft zuerst fragen, ob dieses Verhalten etwas mit ihr zu tun hat. Vorgesetzte können durch ihre Außenwirkung Viel-Redner provozieren und Nicht-Redner verstummen lassen. Überlegen Sie einmal, aus welchen Gründen Sie dem redseligen Mitarbeiter soviel Raum geben. Sind seine Beiträge immer so gut oder sind Sie in Wirklichkeit zu bequem, ihn zu unterbrechen? Spricht ein anderer Mitarbeiter vielleicht so wenig, weil Sie ihn nie nach seiner Meinung fragen?

Davon unabhängig gibt es Menschen, die aufgrund ihres Charakters zum Viel-Reden bzw. zur Schweigsamkeit neigen. Hier ein paar Tipps, wie Sie mit dieser „Spezies“ umgehen können.

Wie Sie Viel-Redner stoppen

Viel-Redner stellen eine Führungskraft im Gespräch vor besondere Probleme. Zum einen ist es schwer, die zu besprechenden Themen in der zur Verfügung stehenden Zeit zu behandeln. Zum anderen kann man sich nicht sicher sein, ob der Viel-Redner Ihre Ausführungen überhaupt gehört und verstanden hat. Es ist daher auch fraglich, ob er im Anschluss an das Gespräch Commitment zeigt. Völlig falsch wäre es, einem Viel-Redner ständig offene Fragen zu stellen und ihn damit zu weiteren „Reden“ zu ermuntern. Viel-Redner müssen Sie zügeln. Außerdem ist ihnen klar zu machen, welche Themen wirklich wichtig sind. Das schaffen Sie, indem Sie folgende Regeln beachten:

Umgang mit Viel-Rednern	
Namensnennung und Unterbrechung des Monologs	"Frau Schulze, lassen Sie uns jetzt ..."
Aktives Festlegen von Inhalten	Können wir zuerst über ..., dann über ... und dann über ... sprechen?" "Ich schlage Ihnen vor, dass wir zuerst ... und dann ... ansprechen."
Formulierung gemeinsamer Ziele	"Sie wünschen sicher auch eine gemeinsame Vorgehensweise ..." "Wir stimmen bei ... überein?"
Ich-Botschaften	"Ich benötige von Ihnen zuerst ...", "Es geht mir vor allem um eine ..."

Es sei allerdings nicht verschwiegen, dass bei unbelehrbaren Viel-Rednern auch der massive Einsatz dieser Techniken manchmal keinen Erfolg zeigt. Dann ist es für die Führungskraft an der Zeit, ein deutliches Feedback zum Verhalten des Mitarbeiters zu geben. Wir werden darauf noch eingehen.

Wie Sie Nicht-Redner aus der Reserve locken

Wenn ein Mitarbeiter nicht viel spricht, heißt das noch lange nicht, dass er die Auffassung der Führungskraft teilt und erarbeitete Lösungen unterstützt. Eine Führungskraft, die es nicht schafft, einen solchen Mitarbeiter in das Gespräch intensiv einzubeziehen, erfährt nicht, was der Mitarbeiter tatsächlich denkt. „Nichts-Sagen“ heißt nicht zwangsläufig Akzeptanz. Wenn Sie es mit Nicht-Rednern zu tun haben, sollten Sie folgende Regeln beherzigen:

Umgang mit Nicht-Rednern	
Offene Fragen	„Was meinen Sie dazu?" „Wie sehen Sie diese Frage?" „Welche Punkte sind für Sie wichtig?"
Äußerungen fordern	„Sagen Sie mir bitte auch Ihren Standpunkt!" „Jetzt interessiert mich auch Ihre persönliche Meinung."
Aktivierendes Zuhören	Lautmalerei: „Ah ja", „Mhm", Echo-Antworten und unvollständige Sätze
Kommentieren	„Sie sagen heute so wenig, Herr Meister!", „Ich höre kaum Aussagen von Ihnen, Frau Schulze."
Gezielte Pausen einlegen	„... Das ist doch Ihr eigener Vorteil." (Pause) „Hier liegt der Nutzen des neuen Systems."
Aufwerten	„Ihre Meinung ist für mich sehr wichtig." „Ich lege gerade auf Ihre Meinung großen Wert."

Nicht-Redner sollen also mit allen erdenklichen Mitteln (Fragen, Aufmunterungen, Anerkennung) in das Gespräch einbezogen werden. Aus unserer Erfahrung können wir noch folgende Variable als entscheidend für einen Erfolg der oben genannten Techniken benennen: Die Stärke der Führungskraft, Pausen zu ertragen. Führungskräfte, die Pausen durch eigenes Sprechen überbrücken, werden selten mit einem Nicht-Redner ins Gespräch kommen.

Das erfolgreiche Einstellungsgespräch

Die Streitigkeiten zwischen der Marketing- und der Vertriebsabteilung hat Ulrich Linz im Laufe des Vormittags gut in den Griff bekommen. Jetzt bleibt ihm nur noch eine Stunde, um sich auf das bevorstehende Bewerbergespräch vorzubereiten. Ulrich Linz braucht eine neue Sekretärin. Von den vielen Bewerbungen sind drei sehr interessant. Die Kandidatinnen haben schon im Direktvertrieb gearbeitet. Ulrich Linz holt die Stellenbeschreibung für die Position hervor und stellt fest, dass seine jetzige Sekretärin inzwischen weit mehr Aufgaben übernimmt als die dort genannten. Er erwartet, dass die neue Sekretärin genauso vielseitig und kompetent ist wie die jetzige.

Mit einer gewissen Beunruhigung stellt Ulrich Linz fest, dass er sich über die geforderten Fähigkeiten seiner neuen Mitarbeiterin noch kaum Gedanken gemacht hat. Er versucht die geforderten Kompetenzen und Eigenschaften für die Stelle schriftlich zu beschreiben. Eigentlich hätte ihm das auch ein bisschen früher einfallen können, denkt er sich. Zu dumm, in der Eile gelingt es ihm nicht so recht, die Anforderungen auf den Punkt zu bringen …

Ulrich Linz schreibt sich auch die Fragen auf, die er den Bewerberinnen stellen will. Wenn das Gespräch erst in Gang gekommen ist, vergisst man oft wesentliche Punkte und ärgert sich hinterher darüber. Außerdem will er nicht noch einmal den Fehler begehen, zu wenig Details abzufragen. Bei der Vorgängerin seiner jetzigen Sekretärin hatte sich nämlich erst im Nachhinein herausgestellt, dass sie nur ungern selbstständig arbeitete. Ulrich Linz hatte immer das Gefühl, ihr jeden Schritt erklären zu müssen.

Nur noch eine Viertelstunde bis zum Bewerbergespräch. Ulrich Linz ist verärgert. Warum hat er sich nicht schon vor einigen Tagen vorbereitet? Warum hat er nicht einmal mit seiner jetzigen Sekretärin gesprochen, die hätte sicher auch viele interessante Punkte beisteuern können? Wenigstens fällt ihm eine nette Frage für den Gesprächseinstieg ein. Wenn das mal gut geht …

Damit es Ihnen nicht so wie Ulrich Linz ergeht, beschäftigen wir uns in diesem Kapitel eingehend mit dem Auswahlinterview im Rahmen einer Personalrekrutierung. Einen wesentlichen Teil dieses Kapitels werden Fragetechniken einnehmen. Die Feinheiten des Rekrutierungsprozesses – angefangen bei der Formulierung des Ausschreibungstextes, über die Beurteilung der Bewerbungsunterlagen bis hin zum Einarbeitungsplan - können nicht Gegenstand dieses Kapitels sein. Wir möchten an dieser Stelle auf die einschlägige, reichhaltige Literatur zum Thema Personalrekrutierung verweisen.

Während ein Assessment-Center die Möglichkeit bietet, den Kandidaten bei der Bewältigung praktischer Aufgaben zu erleben (da hier sehr viele Übungen gemacht werden), können wir in einem Auswahlinterview nur Fragen stellen. Wir können Verhalten nicht direkt beobachten und müssen hoffen, dass die Antworten des Bewerbers eine Einschätzung der tatsächlichen Eignung erlauben. Einer der Schlüssel hierzu sind unsere Fragetechniken.

Wir wenden uns auf den folgenden Seiten zunächst der Struktur eines Bewerbergespräches zu, zeigen Ihnen dann die Erstellung eines so genannten Anforderungsprofils (die Basis für unsere Fragen) und behandeln danach intensiv den Bereich Fragetechniken.

So bauen Sie ein Bewerbergespräch auf

Ein Bewerbergespräch verläuft klassischerweise in folgenden Phasen:

- Phase 1: Warm up, Smalltalk. Begrüßung, Klärung offener Fragen (zumeist organisatorischer Natur), Darstellung des Unternehmens. Dauer ca. 10 – 15 Minuten.
- Phase 2: Biografie, Orientierung; anschließend kompetenzbasierte Fragen zu den im Anforderungsprofil niedergelegten Bereichen. Dauer bis zu zwei Stunden, zum Teil auch deutlich länger.
- Phase 3: Abschluss, weitere offene Fragen (z. B. arbeitsrechtliche Fragen, Gehaltsvorstellungen, Kündigungsfristen). Dauer ca. 30 Minuten.

Die Länge der **Phase 1** hängt davon ab, wie ausführlich sich die Unternehmenspräsentation gestaltet, welche Fragen es im Vorfeld zu klären gibt, welche Teilnehmer seitens des Unternehmens zugegen sind. Das „warm up" ist in aller Regel einfach gehalten, es sei denn, das Unternehmen befindet sich in einer Situation, in der es dringend Bewerber sucht. Dann spielt das Personalmarketing eine außerordentlich große Rolle. Eine ungünstige Unternehmenspräsentation, ein wenig geschultes Auftreten der Interviewer hinterlässt einen nachhaltigen Eindruck bei den Kandidaten. Zu bedenken ist, dass das Interview z. T. der erste persönliche Kontakt zum Unternehmen ist. Das Interview bzw. der Ablauf des Verfahrens und die Kompetenz der Durchführenden fungieren als Aushängeschild des Unternehmens.

Die **Phase 2** beginnt in aller Regel mit der Bitte, in prägnanter, geraffter Form den beruflichen Werdegang darzustellen. Als Interviewer könnten Sie diesen Teil folgendermaßen einleiten:

„Wir würden uns freuen, wenn Sie uns in den nächsten fünf bis zehn Minuten einen Überblick über Ihre beruflichen und persönlichen Stationen geben könnten. Bitte konzentrieren Sie sich in Ihrer Darstellung dabei auf das Wesentliche, auf das, was Sie 'mitgenommen' haben, was Sie in den unterschiedlichen Phasen beruflich und persönlich geprägt hat."

In aller Regel kommen die Kandidaten mit den ihnen zur Verfügung stehenden fünf bis zehn Minuten nicht aus. Verzichten Sie allerdings zu Beginn auf eine gewisse zeitliche Beschränkung, steht einer 30- bis 40-minütigen Selbstpräsentation des Kandidaten nichts mehr im Wege – was für den weiteren Interviewverlauf sehr ungünstig ist. In dieser zweiten Phase klären Sie während der biografischen Schilderung auch offene Punkte, die aus den Bewerbungsunterlagen hervorgehen. Dies können bestimmte freie Zeiten, nicht näher definierte Fortbildungen, Auffälligkeiten in Zeugnissen sein.

Mit Fragen klopfen Sie die Kompetenzen ab

Den größten Teil der Phase 2 gestalten Sie durch kompetenzbasierte Fragen. Die Systematik hierzu stellen wir Ihnen auf den nächsten Seiten vor. Sie versuchen, mittels kompetenzbasierter Fragen die tatsächliche

„Eignung“ für die ausgeschriebene Position zu ermitteln. Die Basis für diese Beurteilung ist der Vergleich der erfragten Verhaltensweisen mit dem so genannten Anforderungsprofil, also den möglichst konkret formulierten Kriterien für die Eignung. Hilfreich ist dabei die Verwendung eines strukturierten Interviewleitfadens, für den wir Ihnen auf den folgenden Seiten auch ein Beispiel zeigen werden. Mittels des Interviewleitfadens und mit einer guten Fragetechnik ausgestattet navigieren Sie zielsicher durch diese Phase des Gespräches. Die Systematik der Fragen ist – wie Sie auf den nächsten Seiten erkennen werden – sehr einfach. Nicht verschweigen möchten wir allerdings, dass Sie trotzdem eine gewisse Übung brauchen.

Die **Phase 3** des Interviews, der Abschluss, behandelt die Themen Kündigungsfristen, Gehaltsvorstellungen, Vereinbarungen zum weiteren Vorgehen, Beantworten der Fragen seitens des Bewerbers. Es ist auch möglich, einem Bewerber zukünftige Kollegen vorzustellen, eine Werksbesichtigung durchzuführen o. Ä. Ungünstig ist es aber – sofern Ihre Entscheidung für den Bewerber noch nicht gefallen ist und definitiv feststeht –, schon etwas Positives in Aussicht zu stellen. Nicht selten erleben Personaler, dass die Entscheidungen in der zuständigen Fachabteilung noch revidiert wird.

Auch für diesen dritten Teil des Bewerbergespräches ist es günstig, eine Art Checkliste zur Hand zu haben. Nicht selten werden wichtige Punkte am Ende des Gespräches vergessen.

Zunächst wenden wir uns den Anforderungskriterien zu, die Sie im Interview mit den Bewerbern zu überprüfen suchen.

Sie brauchen ein Anforderungsprofil

Ein Interview im Rahmen eines Rekrutierungsprozesses soll dazu dienen, die Eignung des Kandidaten zu prüfen. Der Begriff „Eignung“ lässt sich an bestimmten Anforderungen festmachen, die an den Bewerber gestellt werden. Sucht das Unternehmen z. B. eine neue Mitarbeiterin für eine Vertriebsposition, wird sicherlich nach persönlichen Eigenschaften wie Kontaktstärke, Unabhängigkeit, Verhandlungsgeschick und Frustrationstoleranz geforscht. Diese Kriterien werden in der Regel aus einem so genannten Anforderungsprofil gewonnen, was ganz speziell auf die zu besetzende Position zugeschnitten ist.

Wie detailliert muss ein Anforderungsprofil ausgearbeitet sein, damit man substanzielle Fragen stellen bzw. substanzielle Bewertungen daraus ableiten kann? Wir schauen uns zunächst zur Illustration folgenden Gesprächsausschnitt an:

„Herr Groschupf, Sie haben mehrere Jahre Führungserfahrung. Von welchen Grundsätzen haben Sie sich in Ihrer Führungsposition leiten lassen?“

„Ich sage immer, die Mitarbeiterinnen müssen wissen, was sie zu erwarten haben. Hart, aber herzlich, so kann man das auch beschreiben. Ich bin damit in den letzten Jahren auch ganz gut gefahren.“

„An welchen Aspekten würde ich dieses „hart, aber herzlich“ besonders erkennen können?“

„Vor allem daran, dass ich Ihnen sofort Rückmeldung gebe. Wenn was schief läuft, lasse ich Mitarbeiterinnen und Mitarbeiter sofort zu mir kommen ...“

„Haben Sie dafür ein Beispiel aus jüngster Zeit?“

„Natürlich, das passiert ja andauernd. Letzte Woche habe ich mir den Schichtmeister vorgeknöpft. In seiner Schicht hatte es mehrere Mitarbeiter gegeben, die bei einem Besuch von außen hinsichtlich ihres Auftretens negativ aufgefallen waren. Ich rief ihn an und sagte, dass er sofort kommen soll ...“

Die Frage, wie die Ausführungen der Führungskraft in diesem Beispiel zu bewerten bzw. zu beurteilen sind, hängt entscheidend von der Frage ab, wer – d. h welche Person mit welchen Fähigkeiten und Eigenschaften - in diesem Fall gesucht wird.

Nehmen wir an, dass Sie für den Bereich „Führungskompetenz“ z. B. folgende Beurteilungskriterien erarbeitet haben (ein Schema zur Erarbeitung von Beurteilungskriterien stellen wir Ihnen im Folgenden vor):

- formuliert Soll/Ist-Abweichungen gegenüber Mitarbeitern und Mitarbeiterinnen klar und unmissverständlich;

- orientiert sich in seinem eigenen Führungsverhalten an transparenten, für Mitarbeiter und Mitarbeiterinnen nachvollziehbaren Grundsätzen;
- nimmt eine klare Strukturierung von Aufgaben vor.

Diese Kriterien erfüllt unser Herr Groschupf.

Nehmen wir weiter an, Sie hätten noch folgende Punkte als „Anforderungen" notiert:

- formuliert Kritik konstruktiv und wertschätzend;
- stärkt Mitarbeiterinnen und Mitarbeitern den Rücken;
- lobt Erfolge;
- bietet Unterstützung in fachlicher und auch persönlicher Hinsicht an.

Hier werden Sie womöglich Zweifel an der Eignung von Herrn Groschupf bekommen. Es wäre daher angebracht, im Interview auf diese Aspekte näher einzugehen, d. h. tiefer gehend nachzufragen:

„Herr Groschupf, wie muss ich mir den Ablauf eines solchen Kritikgespräches vorstellen. Wie gehen Sie da vor?"

„... Sie meinen, wie ich mich ausdrücke?"

„... unter anderem."

„... ich bin sicher nicht zimperlich, ich nehme kein Blatt vor den Mund."

„Wie hört sich das an?"

„... (überlegt, beugt sich dann nach vorn und sagt zu einem imaginären Mitarbeiter) Herr Meier, wenn das noch einmal vorkommt, haben Sie mit Konsequenzen zu rechnen, dann fliegen Sie!"

Diese Antworten würden Ihre Zweifel an den Führungsqualitäten von Herrn Groschupf gewiss verstärken. Offensichtlich pflegt Herr Groschupf keinen sehr „kooperativen" Führungsstil.

Das Anforderungsprofil enthält im Idealfall sehr konkrete und präzise Aussagen zu den gewünschten Eigenschaften und Fähigkeiten der Bewerber. Es ist sogar günstig, wenn das Anforderungsprofil sehr viele Aussagen enthält, die konkrete Handlungen beschreiben wie „verhält sich in Situation X folgendermaßen", „kann Handlung X ausführen", „hat folgendes, detailliertes Fachwissen". Nur wenn bei der Formulierung der Kriterien im Anforderungsprofil Sorgfalt an den Tag gelegt wird und nur wenn die Kriterien hinreichend plastisch beschrieben werden, ist eine Bewertung im Rahmen eines Interviews möglich.

Wie Sie ein Anforderungsprofil erstellen

Ein Anforderungsprofil fertigen Sie an, indem Sie aus den Aufgaben, die in einer Position zu erledigen sind, die erforderlichen Fähigkeiten, die Eigenschaften und das Wissen der Bewerber ableiten. Wir stellen Ihnen ein sehr einfaches Modell zur Erstellung eines Anforderungsprofils vor. Es hat sich in der Praxis bewährt und erfordert nur wenig Aufwand. Das Anforderungsprofil wird in drei Schritten angefertigt:

Schritt 1: Was ist in der Position zu leisten?

In Schritt 1 fragen Sie sich, welche grundsätzlichen Ziele mit der zu besetzenden Position verknüpft sind. Nehmen wir als Beispiel eine Vertriebsposition. Die grundsätzlichen Ziele einer Vertriebsposition im Außendienst sind sicherlich:

- optimale Betreuung des Kundenstammes,
- Sicherstellung eines kontinuierlichen Zugewinns von Neukunden.

Diese „Positionsziele" sind sehr global formuliert und taugen natürlich noch nicht zu einer Überprüfung im Rahmen eines Interviews. Sie müssen also präzisiert werden.

Schritt 2: Was sind die wichtigsten Aufgaben?

In Schritt 2 werden aus den Positionszielen die so genannten „Kernaufgaben" abgeleitet, also die konkreten Tätigkeiten, Erfordernisse, die die Position mit sich bringt. Für das oben genannte Positionsziel 1 - Optimale Betreuung des Kundenstammes - könnten sich folgende Kernaufgaben ergeben:

- regelmäßige Kundenbesuche,
- Präsentationen der Produkte,
- Marktbeobachtung, Analyse des Marktes,
- Konzeption und Durchführung von Marketingmaßnahmen,
- zeitnahe und sorgfältige Bearbeitung von Reklamationen.

Diese Liste ließe sich noch fortführen. Hier sollte – orientiert an den oben genannten Positionszielen - eine möglichst vollständige Beschreibung der Aufgaben vorgenommen werden.

Schritt 3: Welche Kompetenzen sind nötig?

In einem dritten Schritt wird aus der Formulierung der Kernaufgaben auf die benötigten „Fähigkeiten", die „Eigenschaften", die „Motivation" und das „Fachwissen" geschlossen. Das „Fachwissen" ist sicher der leichteste Part in diesem Feld. Wissen ist leicht zu ermitteln bzw. steht zumeist – ganz unabhängig von einer detaillierten Anforderungsanalyse – fest. Der schwierigere Teil besteht darin, die Punkte „Fähigkeiten, Eigenschaften und Motivation" zu definieren.

Für die aus Positionsziel 1 abgeleitete Kernaufgabe „zeitnahe und sorgfältige Bearbeitung von Reklamationen" lassen sich folgende Fähigkeiten ableiten:

- verfügt über eine gute Form der Beschwerdebehandlung (bleibt ruhig, fragt nach, erarbeitet mit dem Kunden Lösungen),
- antwortet auf Reklamationen zügig,
- drückt sich freundlich, höflich aus,
- hat das Bedürfnis, den Kundenwunsch optimal zu erfüllen,
- hat eine kurze Reaktionszeit hinsichtlich der Umsetzung der Lösung.

Je detaillierter, je plastischer in Schritt 3 die Formulierung vorgenommen wird, desto eher wird eine Überprüfung dieser Kriterien im Rahmen eines Interviews möglich sein. Die Kriterien, die Sie in Schritt 3 aus den Positionszielen und den Kernaufgaben ableiten, sind exakt jene Aspekte, die Sie mittels der intensiven, kompetenzbasierten Fragen suchen.

Dieses aus drei Schritten bestehende Raster zur Erstellung eines Anforderungsprofils liegt im Übrigen auch den komplexeren Methoden der Anforderungsanalyse zu Grunde, die wir an dieser Stelle aber nicht darstellen können (nochmals der Verweis auf die einschlägige Literatur zum Thema Personalauswahl). Im Idealfall verfügen Sie nach einer sorgfältig durchgeführten Anforderungsanalyse über einen aussagekräftigen Kriterienkatalog, der es Ihnen aufgrund seines Detaillierungsgrades erlaubt, im Interview konkret zu fragen. Sind die Kriterien sehr grob formuliert, wie „Verfügt über Führungskompetenz, ist kundenorientiert, ist kommunikativ", sind Sie im Interview letztlich auf Spekulationen angewiesen. Die Begriffe Führungskompetenz und Kundenorientierung müssten sehr viel differenzierter aufgeschlüsselt werden.
Im folgenden Kasten finden Sie eine kurze Zusammenfassung.

So fertigen Sie das Anforderungsprofil an

Schritt 1:
Formulieren Sie die Positionsziele. Diese sollten recht allgemein gehalten sein, aber die Position in ihrer Gesamtheit widerspiegeln. Die Praxis lehrt: maximal drei bis vier Positionsziele genügen.

Schritt 2:
Leiten Sie aus den Positionszielen die so genannten Kernaufgaben ab. Die Kernaufgaben bilden die Tätigkeiten im Rahmen der Position ab und sollen noch keine Verhaltensbeschreibungen bzw. Beschreibungen von Eigenschaften beinhalten (ist kommunikativ, ist leistungsmotiviert usw.).

Schritt 3:
Nun benennen Sie die Fähigkeiten und Eigenschaften, die für die optimale Erledigung der Kernaufgaben notwendig sind. Für die Überprüfung der Kriterien im Rahmen des Interviews ist es günstig, wenn diese möglichst konkret und verhaltensnah formuliert werden.

Dieser Kriterienkatalog bildet die Grundlage für die Fragen des Interviews. Auf Basis des Kriterienkataloges ist es auch möglich, dem Interview eine inhaltliche Struktur zu geben, d. h. nicht ziellos von Bereich zu Bereich zu springen, sondern sich an den Headlines des Kriterienkataloges auszurichten. Ein solcher Kriterienkatalog für eine Vertriebsposition könnte nun folgende Überschriften beinhalten:

- Konfliktverhalten
- Überzeugungskraft/Verhandlungsgeschick
- Frustrationstoleranz
- Kontaktfähigkeit
- Organisation und Planung
- Flexibilität

Jedes dieser Kriterien ist mit möglichst konkreten Verhaltensbeschreibungen hinterlegt. Für den Aspekt Kontaktfähigkeit könnten dies sein:

1. Geht von sich aus auf andere zu
2. Kann leicht Kontakt zu anderen Menschen knüpfen
3. Hat ein großes Interesse an zwischenmenschlichen Kontakten
4. Baut eine stabile Beziehung zu Kunden und Geschäftspartner auf
5. Ist als Außendienstler häufig vor Ort beim Kunden

Die Kriterien sind im Idealfall in einem Interviewleitfaden zusammengefasst, der zudem mögliche Fragen zu den einzelnen Bereichen einschließt. Mit diesen differenzierten Vorstellungen hinsichtlich der Fähigkeiten bzw. Eigenschaften der Bewerber sind Sie nun bestens für das Interview gerüstet. Und ab hier ist es eigentlich ganz einfach: Sie suchen mittels Ihrer gezielten Fragen nach dem Vorliegen der im Anforderungsprofil konkretisierten Aspekte.

Übung: Anforderungsprofil erstellen

Erstellen Sie mittels der geschilderten Systematik ein Anforderungsprofil für die Position eines Mitarbeiters bzw. einer Mitarbeiterin oder für Ihre eigene Position.

- Formulieren Sie zunächst 2 bis 3 Positionsziele, dazu jeweils bis zu 5 Kernaufgaben und die dazu passenden Kompetenzen.
- Vergleichen Sie dann die soeben formulierten Anforderungen mit den tatsächlichen Kompetenzen des Mitarbeiters bzw. der Mitarbeiterin (oder Ihrer eigenen Kompetenzen).
- Ist die Position optimal besetzt?

FRAGEN SIE INTENSIV NACH

Die richtigen Fragetechniken entscheiden nun darüber, ob Sie im Interview die gewünschten Informationen erhalten. Der ausführliche Frageteil bzw. die damit verbundenen Fragetechniken bilden den Kern eines Einstellungsinterviews. Im Gegensatz zu einem Assessment-Center, in dem Sie auch Verhaltensweisen beobachten können, sind Sie im Interview einzig und allein auf die Aussagen Ihres Gesprächspartners angewiesen.

In der Praxis beobachten wir, dass sich viele Führungskräfte – offensichtlich mangels geeigneter Fragetechniken – viel zu schnell mit den ersten Aussagen des Kandidaten zufrieden geben. Dabei ist es sehr wichtig, so intensiv wie möglich zu fragen.

Stellen Sie sich vor, Sie selbst würden im Rahmen eines Einstellungsinterviews zu einem bestimmten Sachverhalt befragt, z. B. zu Ihren Fähigkeiten Projekte zu steuern oder zu Ihrer Art, Konflikte zu bewältigen. Als erstes werden Sie vermutlich bestimmte Begebenheiten schildern, werden auch einige Details nennen und sicher einige positive Aspekte erwähnen. Diese ersten Äußerungen zu einem Themenbereich sind – wenn man sie einmal genauer betrachtet – häufig „Geschichten", z. T. anekdotenhafte Schilderungen bestimmter Sachverhalte, die dem Kandidaten zu diesem Thema ad hoc einfallen. Solche „schönen" Geschichten sind sicher nicht erlogen. Denn es ist legitim, sich selbst und seine Fähigkeiten in einem positiven Licht darzustellen. Für den Interviewer liefern diese Geschichten aber selten die benötigten Informationen. Er muss vertiefende Fragen stellen, um zu konkreten Verhaltensbeschreibungen zu kommen. Das Problem ist nur: Wie muss man fragen, um zu den gesuchten Verhaltensbeschreibungen zu gelangen?

FRAGEN SIE MIT SYSTEM!

Wir stellen Ihnen eine sehr einfache, direkt in die Praxis umsetzbare Fragesystematik vor. Mit dieser Fragetechnik gestalten Sie im Wesentlichen den kompletten Teil der kompetenzbasierten Fragen. Die im Kasten dargestellte Systematik werden wir auf den folgenden Seiten mit Beispielen hinterlegen.

Systematik des Frageneinsatzes

Sie haben zwei Möglichkeiten, sich einen Themenbereich (z. B. Führung, Kontaktfähigkeit, Vertriebskompetenz) durch Fragen zu eröffnen:

Variante A

Schritt 1: Sie stellen zu einem Sie interessierenden Themenbereich (z. B. Führung) eine so genannte Einstiegsfrage. Diese Einstiegsfrage wird auch episodische Frage genannt, da der Kandidat darauf sehr häufig eine „Geschichte" erzählt, die es später zu hinterfragen gilt.

Schritt 2: Diese „Geschichte" wird nun von Ihnen zum Anlass genommen, mittels detaillierter Nach-Fragen auf ganz konkrete Verhaltensbeschreibungen zu kommen. Hierzu werden u. a. selbstreflektorische Fragen gestellt, deren Systematik wir noch erläutern werden.

Einstiegsfrage stellen, dann durch selbstreflektorische Fragen vertiefen!

Systematik des Frageneinsatzes

Variante B

Schritt 1: Sie stellen statt einer episodischen eine so genannte selbstreflektorische Frage zum Einstieg, die der Kandidat z. B. mit einer Definition beantworten kann. Eine solche Frage könnte lauten: „Was verstehen Sie unter Kundenorientierung?"

Schritt 2: Zu der Definition bzw. Erklärung des Kandidaten lassen Sie sich nun „Belege" geben, d. h. Schilderungen, in denen sich der Kandidat seiner eigenen Beschreibung gemäß verhalten hat. Eine Frage dazu könnte lauten: „Wo zeigen Sie genau diese Form der Kundenorientierung, die Sie mir gerade beschrieben haben?"

Selbstreflektorische Frage bzw. Definitionsfrage stellen, dann Belege einfordern!

Schauen wir uns zur Illustration eines Gesprächseinstieges ein Beispiel an. Der Einstieg erfolgt hier über die Variante A (s. o.):

„Frau Weber, Sie erwähnten gerade schon, dass Sie bislang sehr häufig im Team gearbeitet haben. Welche typischen Teamkonflikte sind Ihnen denn aus der Erfahrung heraus bekannt?" (Einstiegsfrage des Interviewers zum Feld Team und Konfliktfähigkeit).

„Zu Thema Teamkonflikte fällt mir ein, dass im letzten halben Jahr in unserer Abteilung eine sehr schlechte Stimmung herrschte. Ich denke, der Auslöser war ein misslungenes Projekt zu Beginn des Jahres."

„Wie hat das Team auf das Misslingen des Projektes reagiert?" (vertiefende Frage)

„Es gab eindeutige Schuldzuweisungen, die Kolleginnen und Kollegen haben sich gegenseitig dafür verantwortlich gemacht, dass der Auftrag geplatzt ist."

„Welche Rolle haben Sie in diesem Rahmen gespielt?“ (vertiefende Frage)

„Ich war verantwortlich für einen gewissen Teilbereich des Projektes, die Implementierung der Software vor Ort.“

Bis zu diesem Punkt sondiert der Interviewer noch die Sachlage, versucht Details über das Projekt oder die Rolle der Kandidatin in Erfahrung zu bringen. Durch typische W-Fragen wird das Umfeld abgeklopft.
Was den Interviewer aber tatsächlich interessiert, ist das Verhalten der Kandidatin in der konkreten Situation. Nach Sondierung der Sachlage stellt der Interviewer dazu vertiefende Fragen:

„Frau Weber, was haben Sie aus dem Verlauf des von Ihnen gerade geschilderten Konfliktes für sich persönlich gelernt? Was ist Ihr Resümee?“

„Mein Resümee ist, dass ich in Zukunft deutlich früher signalisieren werde, wenn ich mich persönlich getroffen fühle. Durch meine Zurückhaltung konnten mich die anderen überhaupt nicht einschätzen. Letztlich habe ich den anderen auch keine Chance gegeben, den Konflikt mit mir konstruktiv zu lösen.“

„Was würden Sie denn einem Kollegen oder einer Kollegin raten, die in eine ähnliche Situation kommt wie Sie damals? Was sollte sie von Anfang an anders machen?“

Die vertiefenden Fragen zielen darauf ab, das Verhalten von Frau Weber in der geschilderten Konfliktsituation gründlich zu hinterfragen. Eine solche Fragesequenz, z. B. zu einem Thema wie Konfliktfähigkeit oder Führungskompetenz, kann im Rahmen eines Interviews durchaus 15 bis 20 Minuten dauern. In aller Regel ist diese Zeit ausreichend, denn irgendwann ist der Punkt erreicht, an dem ein Aspekt erschöpfend erörtert wurde.

Natürlich lässt sich nicht alles erfragen, vor allem dann nicht, wenn ein Bewerber es nicht zulässt. Zudem gibt es eine Grenze des „Fragens“, die zu überschreiten sich nicht schickt. Sobald Bewerber das Gefühl bekommen, dass sie verhört werden, entsteht Widerwillen. Denken Sie auch daran, dass Einstellungsinterviews heutzutage eine Funktion des

Personalmarketings sind. In Zeiten, in denen qualifizierte Bewerber rar werden, kann man sich schlecht geführte Interviews nicht leisten. Unprofessionelle Einstellungsgespräche haben schon so manchen Kandidaten daran zweifeln lassen, ob die entsprechende Firma tatsächlich ein guter Arbeitgeber ist.

Starten Sie mit den richtigen Einstiegsfragen

Welche konkreten Fragen können Sie nun im Rahmen des Interviews stellen? Zunächst beschäftigen wir uns mit möglichen Einstiegsfragen (episodische Fragen) zu einzelnen Themenbereichen. Wir haben Einstiegsfragen herausgegriffen, von denen wir wissen, dass sie oft gestellt werden. Im Anschluss geht es dann um das systematische „vertiefende" Fragen.

Hier sind erst einmal wichtige Themenfelder und dazu passende Einstiegsfragen:

Überzeugungskraft

- Wie bereiten Sie sich auf ein Kundengespräch vor?
- Welche Strategien der Überzeugung anderer setzen Sie ein?
- Schildern Sie uns bitte eine Situation, die uns Ihre Strategien, andere zu überzeugen, verdeutlicht!

Einfühlungsvermögen

- Wie würden Sie andere Personen hinsichtlich Ihres Einfühlungsvermögens beschreiben?
- Wie erkennen Sie, was Ihr Gesprächspartner vorhat?
- Wie stellen Sie sich darauf ein?
- Worauf achten Sie hinsichtlich der Körpersprache Ihrer Gesprächspartner?

Integrationsfähigkeit

- Wie gehen Sie vor, wenn Sie einen neuen Projektmitarbeiter ins Boot holen möchten?

- Wie kann es einer Führungskraft gelingen, in einem Team unterschiedliche Interessen und Charaktere unter einen Hut zu bringen? Hatten Sie schon einmal die Aufgabe, eine neue Mitarbeiterin in ein Team zu integrieren?

Frustrationstoleranz

- Wie gehen Sie mit Misserfolgen um?
- Kennen Sie Situationen, in denen Sie Ihren Job am liebsten an den Nagel gehängt hätten?
- Was raten Sie einem Kollegen im Außendienst, wie er sich nach erfolglosen Kundenbesuchen wieder motivieren kann?
- Wie gehen Sie selbst mit solchen Situationen um?

Durchsetzungsvermögen

- Wann und wie haben Sie bereits eigene Vorstellungen gegen Widerstand durchgesetzt?
- Wie sehen Sie andere Menschen hinsichtlich Kooperation vs. Durchsetzung?
- Wie kann man Ihrer Meinung nach auch mit geringer Durchsetzungsstärke eigene Ideen durchsetzen?
- Wie vermeiden Sie, dass Sie als dickköpfig wahrgenommen werden?
- Wie würden Sie sich persönlich in puncto Durchsetzungsstärke beschreiben?

Führungskompetenz

- Aufgrund welcher Überlegungen geben Sie Aufgaben an Ihre Mitarbeiter weiter?
- Wie coachen Sie Ihre Mitarbeiter?
- Wie sieht so ein Coachingprozess bei Ihnen aus?
- Wie steuern Sie Ihre Mitarbeiter?
- Wie motivieren Sie Ihre Mitarbeiter?
- Wie fördern Sie gezielt Ihre Mitarbeiter?

Teamorientierung

- Welche Aufgaben bearbeiten Sie gern allein und welche lieber im Team?

- Wie stehen Sie zu Projektarbeit – was sind Vorteile, was eher Nachteile?
- Mit welchen Typen von Personen können Sie besonders gut zusammenarbeiten? Warum?
- Welche Erfahrungen haben Sie bereits mit Teamarbeit gemacht?
- Welche Rolle nehmen Sie in der Zusammenarbeit ein?
- Wie würden Sie andere im Hinblick auf Zusammenarbeit beschreiben?

Verhandlungsgeschick

- Schildern Sie uns bitte eine Situation, in der es Ihnen besonders gut gelungen ist, Ihre Strategie durchzusetzen!
- Welche Verhandlungsstrategien kennen Sie?
- Welcher Verhandlungsstrategie können Sie besonders gut/besonders schlecht entgegnen?

Konfliktfähigkeit

- Wie gehen Sie mit Konflikten um?
- Wie beheben Sie Konflikte im Team?
- Warum wehren sich Mitarbeiter fast immer bei der Einführung von Veränderungen oder Neuerungen?
- Wie sorgen Sie für eine möglichst konfliktfreie Zusammenarbeit?
- Wann sind Meinungsverschiedenheiten und Konflikte zielführend und wann nicht?

Kontaktstärke

- Wie bauen Sie in Gesprächen eine vertrauensvolle und angenehme Atmosphäre auf?
- Wie sind die Beziehungen zu Ihren Arbeitskolleginnen und -kollegen?
- Wie wollen Sie für Ihre Karriere wichtige Kontakte knüpfen und halten?
- Wie beginnen Sie mit fremden und dennoch für Sie wichtigen Personen ein Gespräch?
- Welche Freizeitinteressen haben Sie?

Auftreten

- Woher wissen Sie, wie Sie auf andere wirken?
- Worauf führen Sie Ihre positive Wirkung auf andere zurück?
- Welches Feedback hat man Ihnen zu Ihrem Führungsverhalten bislang gegeben?

Sorgfalt

- Wie stellen Sie sicher, dass Ihre Arbeiten fehlerfrei sind?
- Wie schaffen Sie es in Ihrem Team, dass die Teilergebnisse immer pünktlich vorliegen?
- Wie genau kontrollieren Sie Ihre Mitarbeiterinnen und Mitarbeiter?

Belastbarkeit

- Wie gelingt es Ihnen, sich nach einem anstrengenden Tag zu entspannen?
- Welche konkreten Belastungen ergeben sich in Ihrem Arbeitsalltag momentan, wie gehen Sie damit um?

Wie erwähnt fallen die Antworten auf die oben genannten Einstiegsfragen nur selten derart detailliert aus, dass schon eine fundierte Bewertung vorgenommen werden kann. Sie müssen vertiefen, nachfragen, hinterfragen.

Betrachten wir einige Gesprächsausschnitte (transkribiert aus realen Gesprächen). Das folgende Beispiel gibt eine Sequenz wieder, die den Einstieg in das Thema Vertriebskompetenz illustriert und zeigt, wie von einer sehr allgemeinen Aussage des Bewerbers auf konkrete Verhaltensbereiche übergeleitet wird. Der Einstieg erfolgt über Variante A (s. o.):

Frage: „Herr Maurer, Sie waren nun schon sehr lange im Außendienst tätig. Welche Methoden der Kaltakquise haben Sie bislang bevorzugt eingesetzt?“

„Nun, eigentlich alles, was es da so gibt. Mailings, Anrufe, zum Teil bin ich auch direkt zu den Leuten auf den Hof gefahren und habe die Produkte vorgeführt.“

Frage: „Mit welchen Methoden waren Sie denn am erfolgreichsten?“

„Besonders gut lief es, wenn ich die Leute direkt angesprochen habe, wenn ich also direkt bei den potenziellen Kunden auf den Hof gefahren bin. Wenn die Leute das Produkt in den Händen halten, es direkt ausprobieren können, dann habe ich die besten Ansatzpunkte für ein Verkaufsgespräch."

Frage: „Wie schaffen Sie es denn, dass Sie die Leute auch direkt erreichen? Ich nehme an, dass Ihre potenziellen Kunden nicht immer vor Ort waren?"

„Richtig. Sofern ich den Kunden nicht angetroffen habe oder der Kunde keine Zeit hatte, habe ich zumindest versucht, einen Termin zu bekommen oder zumindest von der Sekretärin zu erfahren, wann der Chef wieder im Hause ist. Das ist manchmal schon schwer genug. Denn die Kunden haben natürlich was anderes zu tun, als sich mit Außendienstlern zu unterhalten."

Frage: „Was würden Sie denn einem jüngeren Kollegen raten hinsichtlich der Anbahnung von solchen direkten Kontakten?"

„In erster Linie: dran bleiben und Frustrationstoleranz entwickeln. Man muss einfach wissen, dass nur wenige Kontakte auf Anhieb gelingen. Es erfordert eine hohe Ausdauer, ein dauerndes Sich-Kümmern, wenn aus dieser Art Akquise etwas werden soll."

Die Einstiegsfrage eröffnet das Thema, über vertiefende Fragen wird das Gesagte konkretisiert. Es wird in diesem Ausschnitt deutlich, dass Herrn Maurer durchaus bewusst ist, mit welchen Schwierigkeiten die Kaltakquise verbunden ist. Ob Herr Maurer nun für eine Vertriebsposition als geeignet betrachtet wird oder nicht, lässt sich aufgrund der kurzen Gesprächssequenz sicher nicht entscheiden. Hier wäre es wichtig zu wissen, welcher Typ Mitarbeiter exakt gesucht wird. Suchen wir einen Vertriebler für den knallharten Außendienst oder suchen wir eher den Typus „Berater", der zwar akquisitorisch stark, aber weniger aggressiv und aktiv an die Sache herangeht? Die Beurteilung des Bewerbers wird sich letztlich an diesen Anforderungen zu messen haben.

Betrachten wir nun den Einstieg nach der so genannten. „Variante B". Man beginnt mit der Bitte, einen bestimmten Begriff, ein Konzept zu erläutern. Basierend auf dieser Erläuterung folgen dann Fragen, die Belege und konkrete Verhaltensbeschreibungen einfordern. Sehen wir zu dieser Variante des Gesprächseinstieges auch ein kurzes Beispiel:

Frage: „Was verstehen Sie unter dem Begriff Kundenorientierung, Herr Kellner?“

„Soll ich Ihnen das jetzt definieren?“

„Ja, bitte.“

„Also zunächst einmal Schnelligkeit. Kundenanfragen müssen schnell beantwortet werden, das hat oberste Priorität. Dann gehört natürlich Qualität dazu. Wenn die gelieferten Waren oder auch das ganze Drumherum nicht höchsten Ansprüchen genügt, bekommen wir gegenüber den Kunden ein Problem.“

Frage: „Haben Sie diese Probleme bereits erlebt?“

„Ja natürlich. Ich kann mich sehr gut an ein Projekt erinnern, dass in enormen Zeitverzug geriet. Dem Kunden sicherten wir immer und immer wieder Termine zu, die wir dann nicht halten konnten. Die Reaktion war, dass ...“

Mittels eines Gesprächseinstieges, der vom Kandidaten eine Definition fordert, gelangt man ebenso schnell ins Thema. Wichtig ist nur, dass nach der Definition sofort Fragen gestellt werden, sonst bleibt die Gesprächssequenz auf einer abstrakten Ebene.

Zumeist wechseln sich die beiden genannten Varianten des Gesprächseinstieges ab. Es ist sozusagen ein fliegender Wechsel zwischen Variante A und Variante B. Es lässt sich auch nicht definitiv sagen, welche Art zu fragen günstiger ist. Wichtig sind in jedem Fall die auf den Einstieg folgenden, vertiefenden Fragen.

Die Kompetenzen des Kandidaten checken – Vertiefungsfragen

Um Themenfelder zu vertiefen, eignen sich vornehmlich „selbstreflektorische“ Fragen. Solche, die sich auf persönliche Lernerfahrungen, auf das Selbst- und Fremdbild beziehen, sowie Fragen nach der eigenen Motivation.

> Selbstreflektorische Fragen kommen bei jedem Themenfeld zum Einsatz, z. B. wenn es um Führung, Integration und Kontaktfähigkeit geht. Sie dienen dazu, die durch Einstiegsfragen angerissenen Themenfelder zu vertiefen.

Die im Folgenden vorgestellten selbstreflektorischen Fragen sollten Sie souverän einsetzen können. Im Gegensatz zu den oben aufgeführten Einstiegsfragen ist es hier nicht möglich, diese schon im Interviewleitfaden als Gedankenstütze zu notieren. Denn die Auswahl der Fragen richtet sich sehr stark nach den Antworten der Bewerber auf die jeweiligen Einstiegsfragen. Die vertiefenden Fragen haben wir in einzelne Kategorien eingeteilt. Die Kategorien sind jedoch im praktischen Interviewverlauf nicht von großer Bedeutung, d. h. ein Interviewer denkt nicht, während er das Interview führt, „jetzt stelle ich eine Frage aus dem Bereich persönliche Prioritäten“. Die Kategorien dienen ungeübten Interviewern lediglich als Gedankenstütze.

Grundsätzlich gilt: Im Gespräch bei unklaren Passagen immer nachfragen: „Was genau meinen Sie mit ...?“, „Wie genau machen Sie das?“, „Wie ist das exakt abgelaufen, was Sie da erzählen?“, „Was verstehen Sie unter ...?“. Diese Regel gilt es, völlig unabhängig von allen Frageschemata zu beherzigen.

Mit folgenden Fragen können Sie Themenfelder vertiefen:

Allgemeine Fragen am Gesprächsanfang

- Was lerne ich aus dem, was Sie mir da erzählen?
- Was sagt mir diese Geschichte über Sie?

Beschreibung der Individualität

- Wie gehen Sie in der geschilderten Situation genau vor?
- Was zeichnet Ihr Vorgehen im Gegensatz zu anderen Personen aus?

- Wie würden Sie Ihren Verhandlungsstil (oder Ihre Art, Konflikte zu lösen, oder Ihren Kommunikationsstil) charakterisieren? Was ist Ihre ganz persönliche Herangehensweise?

Beschreibung der persönlichen Lernerfolge

- Was haben Sie aus dem berichteten Vorfall gelernt?
- Was hat sich in den letzten Jahren hier bei Ihnen verändert?
- Was gibt es, was Sie hier noch lernen können?
- Was könnten andere Menschen hier von Ihnen lernen?

Beschreibung der persönlichen Prioritäten

- Was ist zentral, wenn man ein guter ... (z. B. Verkäufer, Konfliktlöser usw.) werden möchte?
- Was ist wichtig für jemanden, der als eine gute Führungskraft gelten will?
- Worauf legen Sie besonderen Wert bei ... (z. B. Verhandlungen, Führung usw.), welche Dinge stehen absolut im Vordergrund?
- Wo setzen Sie Grenzen in Bezug auf Ihre (z. B. Einsatzbereitschaft, Flexibilität usw.)

Beschreibung des wahrgenommenen Fremdbildes

- Wie würden denn Ihre Teamkollegen diesen Vorfall beschreiben?
- Was würde Ihr Chef zu diesem Vorgehen sagen?
- Was würden Ihre Mitarbeiter als einzigartig an Ihnen beschreiben?
- Wie würden Ihre Mitarbeiter Ihren/Ihre ... (z. B. Konfliktfähigkeit, Führungsstil usw.) beurteilen?
- Nehmen Ihre Kollegen/Kolleginnen Sie als sehr ... (z. B. wettbewerbsorientiert, konfliktfähig usw.) wahr? Woran machen Sie das fest?

Beschreibung der eigenen Motivation

- Warum machen Sie das überhaupt?
- Wodurch würde ich als Ihr Arbeitgeber erreichen, dass Sie mit voller Kraft an den Aufgaben arbeiten?
- Was müsste passieren, damit Sie alles von jetzt auf gleich hinwerfen?
- Was könnte Sie motivieren, längerfristig an einer Sache zu arbeiten?

- Was möchten Sie insgesamt beruflich erreichen? Woran machen Sie Ihren Erfolg fest?

Selbstreflektorische bzw. vertiefende Fragen zwingen den Bewerber, die zunächst allgemein gehaltenen und bisweilen in sehr positivem Licht geschilderten Begebenheiten zu konkretisieren und auch in ihrer Bewertung (ob positiv oder negativ) zu hinterfragen.

Beispiel: Selbst- und Fremdbild erkunden

Betrachten wir ein Gesprächsbeispiel, das den Einsatz von selbstreflektorischen Fragen zum Thema Selbst- und Fremdbild illustriert:

„Frau Dahlmann, Sie sprachen gerade das gespannte Verhältnis zu Ihrem damaligen Chef an. Wie hätte Ihr Vorgesetzter Sie damals im Rahmen dieses Konflikts beschrieben?“

„Der war natürlich nicht gut auf mich zu sprechen. Wir haben tagelang nicht miteinander gesprochen und sind uns regelrecht ausgewichen.“

„Was hätte er über Sie gesagt, wenn wir ihn damals gefragt hätten?“

„Frau Dahlmann ist unkooperativ, Frau Dahlmann ist widerwillig, Frau Dahlmann tut nie das, was man ihr sagt!“

„Woran hat ihr Vorgesetzter diese Einschätzung festgemacht?“

„Tatsächlich war unser Verhältnis inzwischen so weit, dass ich auch wirklich nichts mehr habe machen wollen. Ich hatte überhaupt keine Lust darauf, diesem Mann auch noch zuzuarbeiten! Und das hat er sicher auch als unkooperativ wahrgenommen.“

„Wie sahen das die Kollegen, von denen Sie vorhin berichteten?“

„Die Kollegen haben versucht, separat mit uns zu sprechen und uns zu beruhigen. Aber ich bin halt ein emotionaler Mensch, die Sachen müssen raus, ich kann das nicht in mich reinfressen und Ja und Amen sagen.“

„Haben Ihnen die Kollegen zu Ihrer Spontaneität schon einmal Rückmeldung gegeben?“

„Bei manchen kommt das nicht gut an. Immer gibt es jemanden, der sich schnell auf die Füße getreten fühlt, aber damit kann ich eigentlich gut leben.“

Fragen, die sich auf das Selbst- und Fremdbild richten, bieten die Möglichkeit, ein Problemfeld aus dem Blickwinkel anderer Personen zu betrachten. Würden wir in dem oben gezeigten Beispiel nur nach dem konkreten Verhältnis zur Führungskraft fragen, blieben die Interaktionen in der Abteilung womöglich verborgen. Aber auch diese sagen etwas aus über das Konfliktverhalten der Kandidatin. Wie Kandidaten mit Fragen zum Selbst- und Fremdbild umgehen, sagt zudem etwas über den Faktor „Selbstreflexion“. Nicht ungewöhnlich sind folgende Sequenzen:

„Herr Jost, wie würden Ihre Mitarbeiter Sie bezüglich Ihres Führungsstils beschreiben?“

„Meine Mitarbeiter? Wie soll ich das denn wissen?“

„Haben Sie schon einmal Feedback von Ihren Mitarbeitern zu Ihnen als Führungsperson bekommen?“

„Nein, eigentlich nicht. Ich denke, das ist auch nicht wichtig, solange das Verhältnis gut ist zwischen uns“.

„Woher wissen Sie denn, dass das Verhältnis gut ist?“

„Na, das sehe ich doch, das merkt man schließlich an den Reaktionen der Mitarbeiter. Da brauche ich gar nicht lange forschen oder fragen. Dafür bin ich lang genug im Job.“

In diesem Fall wird schnell klar, dass es sich bei dem Interviewten nicht um eine Führungskraft handelt, die Feedback (sowohl Feedback geben wie nehmen) zu ihren wesentlichen Führungsaufgaben zählt. Offensichtlich interessiert sich der Kandidat auch nicht für das Feedback anderer. Im Führungsalltag ist Herr Jost sicher ein schwieriger Partner.

Beispiel: Persönliche Lernerfolge beschreiben

Mittels Fragen können Sie im Gespräch den gesamten Bereich der Lernfähigkeit- und Lernbereitschaft eines Kandidaten oder einer Kandidatin erkunden. Lesen wir zu diesem Fragetypus ein Beispiel:

„Herr Reuschel, was hat sich in den letzten Jahren hinsichtlich Ihrer Kontaktfähigkeit verändert?“

„Ich bin sicher offener geworden, gehe leichter auf andere zu.“

„Was ist der Grund dafür, dass es Ihnen inzwischen leichter fällt?“

„Ich habe gelernt, dass ich mit einem aktiven Zugehen auf andere eigentlich nur gewinnen kann. Früher hatte ich primär Angst, dass mich Leute komisch anschauen, wenn ich Sie – z .B. anlässlich einer Tagung – einfach anspreche.“

„Welche Erfahrungen haben Sie diesbezüglich gemacht?“

„Ich kann mich noch an meinen ersten Messestand erinnern, den ich zu betreuen hatte. Mein Chef ließ nicht locker, verlangte, dass wir Besucher ansprechen und zu uns an den Stand holen. Ob ich nun wollte oder nicht: ich musste ja ran. Also habe ich mein Bestes gegeben. Nach den drei Tagen hatte ich wirklich mit unzähligen Leuten auf unserem Messestand gesprochen und eigentlich die Erfahrung gemacht: es geht, wenn man nur will. Wenn man freundlich ist, wenn man höflich ist, wird man nur ganz selten brüsk abgewiegelt. Und diese Erfahrung habe ich dann wirklich in mein weiteres Berufsleben mitgenommen“.

„Was möchten Sie noch hinsichtlich Ihres persönlichen Auftretens lernen? Sehen Sie da noch Verbesserungspotenzial?“

„Oh ja, ich scheine manchmal etwas trocken und ironisch zu wirken. Ich habe schon einmal die Rückmeldung bekommen, dass dies auf andere irritierend wirken kann.“

Kandidaten, die sehr viel eigene Lernerfahrungen schildern (vor allem auf ihre Person bezogen), sind vermutlich lernbereiter und lernwilliger als Kandidaten, die nur sehr wenige veränderte Denk- und Handlungsweisen an sich bemerken.

Beispiel: Persönliche Prioritäten erfragen

Hier geht es darum, mehr über die Werthaltungen und Auffassungen des Kandidaten zu erfahren. Dazu ein Beispiel:

„Wo sind Ihre Grenzen hinsichtlich Ihrer persönlichen Flexibilität?“

„Sicherlich dort, wo es an die Substanz der Familie geht. Hier bin ich inzwischen nicht mehr bereit, Kompromisse zu machen.“

„Warum?“

„Ich habe jahrelang Wochenende um Wochenende verschenkt, habe kaum Zeit für meine Familie gehabt. Letztlich ist nicht viel geblieben von meinem Einsatz. Ich hätte meine Position sicher auch erreicht, wenn ich einen anderen Weg gefunden hätte.“

Mit Fragen nach den persönlichen Prioritäten lässt sich beispielsweise auch im Bereich Führungskompetenz nach Werthaltungen und grundsätzlichen Auffassungen forschen. Hier geht es darum, etwas über die Unternehmensphilosophie und -kultur zu erfahren. Dazu ein kurzes Beispiel:

„Was ist in Ihren Augen wichtig für jemanden, der als gute Führungskraft gelten will?“

„Eine gute Führungskraft muss sich zunächst über ihre Rolle klar sein. Wer z.B. bei einem Wechsel vom Mitarbeiter zum Vorgesetzten nicht mitbekommt, dass er auf einmal Verantwortung trägt, der wird Probleme bekommen. Eine gute Führungskraft zeichnet sich aber gerade durch diese Verantwortung gegenüber den Mitarbeiterinnen und Mitarbeitern aus.“

„Warum ist dieser Begriff Verantwortung für Sie so zentral?“

„Verantwortung ist meiner Ansicht nach das, was Führungskräfte besonders von einfachen Mitarbeitern unterscheidet. Nicht dass Mitarbeiter nicht auch Verantwortung tragen, aber Führungskräfte tragen Verantwortung für sich und andere …“

Beispiel: Die eigene Motivation erforschen

Für bestimmte Tätigkeiten ist es notwendig, dass die Mitarbeiter über eine spezielle Motivlage verfügen. Einen Vertriebsjob wird z. B. nur derjenige mit Zufriedenheit ausführen, der sich durch variable Umsätze „steuern" lässt, d. h. für den es wichtig ist, nach Erfolg bezahlt zu werden. Mittels vertiefender Fragen kann versucht werden, nach einer solchen (oder anderen) Einstellung bzw. Haltung zu forschen:

„Herr Loser, was hält Sie eigentlich in dem Vertriebsjob? Warum suchen Sie sich nicht etwas Beschaulicheres, Ruhigeres?"

„Tatsächlich habe ich darüber nachgedacht, in Zukunft mehr Sicherheit – auch hinsichtlich meines Einkommens – zu haben. Aber wenn ich ehrlich bin: ich mag es, mit Menschen zusammenzukommen, andere überzeugen zu müssen und den Erfolg meiner Bemühungen auch spüren zu können."

„Was muss Ihnen ein berufliches Umfeld denn geben, damit Sie sich der Tätigkeit in hohem Maße verpflichtet fühlen?"

„Es muss mir vor allem die Chance geben, meinen eigenen Erfolg zu erleben. Ich weiß, dass ich es nicht ertrage, wenn meine Leistung in einem großen „Abteilungsbudget" untergeht und ein Vorgesetzter für meine gute Performance belohnt wird. Ich selbst möchte spüren, was meine Leistung wert ist. Aus diesem Grunde bin ich, denke ich, so lange im Vertrieb."

Selbstreflektorische Fragen werden situativ eingesetzt. Für Interviewer ist es nicht wichtig, dass sie die ganze Palette an möglichen, selbstreflektorischen Fragen immer und überall parat haben. Wichtig ist es vielmehr, aus jedem Bereich (d. h. Prioritäten, Fremdbild, Motivlage usw.) ein, zwei Fragen präsent zu haben. In Kombination mit den Einstiegsfragen lässt sich ein Einstellungsinterview so kompetent bestreiten.

Übung: Fragen stellen I

Üben Sie mit einem Kollegen oder einer Kollegin das Wechselspiel zwischen Einstiegsfragen und vertiefenden Fragen.

- Greifen Sie sich dazu einen Kompetenzbereich heraus, z. B. Konfliktmanagement oder Durchsetzungsvermögen.
- Anschließend formulieren Sie dazu zwei bis vier Verhaltensanker und gehen Sie dann gemäß der beschrieben Fragetechnik vor.
- Variieren Sie zwischen Variante A und Variante B.
- Sie und Ihr Kollege bzw. Ihre Kollegin wechseln jeweils die Rollen (Interviewer vs. Interviewter).

Übung: Fragen stellen II

Üben Sie mit einem Kollegen oder einer Kollegin explizit, auch „ausweichend" antwortende Kandidaten und Kandidatinnen durch Fragen zu konkreten Verhaltensbeschreibungen zu bringen.

- Der eine Gesprächspartner wird z. B. zu einem Thema wie „Konfliktverhalten" oder „Teamfähigkeit" befragt und hat explizit die Instruktion, „ausweichend" zu antworten.

Beispiel: „… Teamverhalten, ja, das ist sicher sehr wichtig.
Aber ebenso wichtig ist Ehrlichkeit und Verlässlichkeit. Hier bin ich der Meinung, dass …"

- Der Interviewer/ die Interviewerin hat nun die Aufgabe, durch konsequentes Fragen wieder auf das Thema zurück zu lenken.

Und wenn der Bewerber mit Standardantworten reagiert?

Aber wie verhalten Sie sich, wenn der andere mit „Büchsen-Antworten" auf Ihre Fragen reagiert? Wenn Ihnen beispielsweise ein Bewerber vorgefertigte Antworten aus der Ratgeberliteratur serviert? Hier gibt es mehrere Lösungen:

Stellen Sie keine Standardfragen!

Eine Standardfrage wie „Nennen Sie mir bitte Ihre drei größten Stärken und Schwächen" wird gerne mit einer Standardantwort quittiert. Sofern Sie die oben von uns beschriebene Fragetechnik verwenden, dürfte es einem Bewerber aber nur schwer gelingen, vorgefertigte Antworten zu geben. Dies könnte allenfalls bei den möglicherweise bekannten episodischen Einstiegsfragen so sein. Spätestens bei der dritten oder vierten Nachfrage Ihrerseits ist die Ebene der „Einheitsantworten" durchbrochen.

Verlangen Sie Beispiele

Nutzen Sie im Rahmen der oben vorgestellten Fragetechniken intensiv die Möglichkeit, sich Belege für das eigene Handeln geben zu lassen:

„Wo haben Sie so etwas selbst schon erlebt?"

„Schildern Sie mir bitte ein Beispiel aus Ihrer eigenen beruflichen Praxis".

„An welchem Verhalten erkennen Ihre Mitarbeiter ganz konkret, dass Ihre Grenze erreicht ist?"

Es ist äußerst unwahrscheinlich, dass Bewerber sich hinsichtlich aller Aspekte derart gut präpariert haben, dass sie Antworten auf solche Fragen parat haben. (Sollte ein Bewerber dies geschafft haben, spricht dies sicher für eine überragende Intelligenz!)

Spiegeln Sie Ihre Eindrücke

Sofern Sie das Gefühl haben, dass Bewerber schematisch antworten, sollten Sie das Gespräch unterbrechen und nicht detektivisch vorgehen:

„Entschuldigen Sie bitte, dass ich an dieser Stelle einmal unterbreche. Ich habe das Ziel, Sie in diesem Gespräch näher kennen zu lernen, Ihre Motivation für diesen Job zu hinterfragen und zu beurteilen, ob Sie auf diese Position passen. Momentan habe ich das Gefühl, dass Sie meine Fragen nicht zum Anlass nehmen, mir etwas über sich, über Ihr eigenes Handeln zu berichten. Stattdessen sprechen Sie oft sehr allgemein – selbst auf konkrete Nachfragen. Was ist der Grund dafür?"

Vergessen Sie nicht, dass ein Bewerbergespräch kein Verhör ist, bei dem Sie als Führungskraft die Aufgabe haben, der „Wahrheit" auf die Spur zu kommen Sofern Sie sich hinsichtlich der Eignung des Kandidaten unsicher sind, haben Sie das Recht, den Kandidaten abzulehnen. Das sollten Sie auch deutlich machen:

„Frau Scholz, wenn es uns nicht gelingt, eine gemeinsame Gesprächsbasis zu finden, kann das hinsichtlich Ihrer Bewerbung nur zum Nachteil sein. Ich würde mich daher freuen, wenn Sie jetzt von sich, von eigenen Erfahrungen und eigenen Tätigkeiten berichten könnten."

Verhallt ein solcher Appell, haben Sie keine andere Wahl, als sich für das Gespräch zu bedanken und einen anderen Bewerber oder eine andere Bewerberin vorzuziehen.

Was Sie unbedingt vermeiden sollten

Nicht viele Interviewer verfügen über professionelle Fragetechniken. Das Resultat sind aus der Not geborene Fragen, vermischt mit subjektiven Theorien über das menschliche Verhalten, die sich in den vielen Jahren unserer Tätigkeit immer wieder als falsch erwiesen haben. Hier einige Beispiele für nicht zielführende Fragen.

Die Frage nach Stärken und Schwächen

Beliebt ist die Frage „Welche sind Ihre fünf größten Stärken und welche Ihre fünf größten Schwächen?". Nur selten haben wir eine Gesprächssequenz miterleben dürfen (die wir dann lediglich begleitet haben, denn selbst stellen wir diese Frage nicht), in der substanzielle

Antworten auf diese Frage kamen. Im Gegenteil ist zu beobachten, dass Bewerber sich auf diese Frage inzwischen detailliert vorbereitet haben – mithilfe zahlreicher Ratgeber im Bereich Bewerbungsliteratur. Was soll ein vernünftiger Mensch auf eine solche Frage antworten? Kann ein Bewerber auf eine derartige, ohne Bezug zu einem bestimmten Kompetenzbereich gestellte Frage eine vernünftige Antwort geben? Wesentlich aufschlussreicher ist es, wenn die Stärken und Schwächen des Bewerbers durch gezielte Fragen zu den einzelnen Kompetenzbereichen ermittelt werden.

Suggestiv-Fragen

„Sie sind sicher auch der Meinung, dass der Arbeitstag nicht schon um fünf aufhört?" „Sie rauchen doch sicher nicht?". Suggestivfragen verleiten Bewerber dazu, dem Interviewer nach dem Munde zu reden. Diese bekommen vom Kandidaten genau die Antwort, die „sozial erwünscht" ist.

Verschachtelte Fragen

„Stellen Sie sich vor, Sie sollten die Kosten in Ihrem Bereich senken, wie gehen Sie da konkret vor? Das ist ja nicht so einfach. Welche Erfahrungen haben Sie hier und welche Verbindungen sehen Sie zum Thema Personalabbau?" Häufig ist zu beobachten, dass Interviewer nach einer eigentlichen Frage noch weitere, an sich separat zu behandelnde Fragen nachschieben. Für den Bewerber ist das verwirrend. Besser sind einfache, klar verständliche Fragen: „Wie reduzieren Sie die Kosten in einem Vertriebsbereich, wie Sie ihn momentan leiten?"

Szenarienfragen

Manchmal konstruieren Interviewer Szenarien, um die Persönlichkeit von Bewerbern zu testen und später die Reaktionen mehrerer Bewerber miteinander vergleichen zu können. Hier ein Beispiel für eine solche Frage:

„Stellen Sie sich vor, Sie hätten bei Ihrem damaligen Arbeitgeber nicht gekündigt. Sie säßen dort also immer noch in der Position. Der Konflikt mit dem Abteilungsleiter hätte weiter geschwelt. Irgendwann kommt dann der Abtei-

lungsleiter zu Ihnen in den Raum, begleitet vom Vorstand und bietet Ihnen eine schnelle Bereinigung der Sache an. Inzwischen haben Sie aber vernommen, dass eine Kollegin ähnlich abgewatscht wurde wie Sie. Wie verhalten Sie sich konkret?"

Erinnern wir uns: Im Interview geht es darum, das so genannte Anforderungsprofil zu überprüfen. Szenarienfragen sind schlechte Fragen, weil sie vollkommen hypothetisch sind. Ein Bewerber sagte einmal auf eine Szenarienfrage: „Ich habe Ihre Frage nicht verstanden. Könnten Sie das bitte etwas einfacher ausdrücken."

Weitere Tipps für das Einstellungsinterview

- Lesen Sie Fragen nie wörtlich ab! Ein solcher Fragestil wirkt sehr unprofessionell.
- Kleben Sie nicht an einer festen Reihenfolge! Obwohl Ihr Interviewleitfaden die Kriterien womöglich in einer festen Reihenfolge abprüft, sollten Sie flexibel bleiben. Es ist jederzeit möglich, die Reihenfolge zu ändern.
- Schreiben Sie mit! Sie sollten es sich zur Regel machen, die wesentlichen Aussagen zu notieren. Stichworte genügen! Wenn Sie dem Bewerber ankündigen, dass Sie sich Stichworte machen, wird er auch nicht irritiert sein.

Ein Interviewleitfaden muss sein

Wir empfehlen Ihnen, einen strukturierten Interviewleitfaden zu nutzen. Ein Interviewleitfaden sollte für jede Phase des Gesprächs einige Stichpunkte enthalten. Insbesondere für die zweite Phase des Interviews müssen die Themen vorstrukturiert sein und mit Einstiegsfragen zu dem jeweiligen Themenbereich hinterlegt werden. Zusätzlich sollte der Interviewleitfaden die Kriterien des Anforderungsprofils enthalten mit einer dazugehörigen Skalierung, die Ihnen im Anschluss an das Interview die Möglichkeit einer Einschätzung bietet. Dazu ein Beispiel:

Merkmal: Konfliktfähigkeit

Einstiegsfragen
Schildern Sie uns bitte eine berufliche Konfliktsituation, in die Sie involviert waren. - Wie sind Sie vorgegangen, um diesen Konflikt u. U. zu lösen?
Wie glauben Sie, gehen/gingen die meisten Ihrer Kollegen mit Meinungsverschiedenheiten und Konflikten um? - Was würden Sie diesen Kollegen raten, um evtl. besser mit konfliktären Situationen umzugehen?
Wann sind Meinungsverschiedenheiten und Konflikte zielführend? Wann nicht?
Wie sorgen Sie für eine möglichst konfliktfreie Zusammenarbeit?

Verhaltensanker	-	Ø	+
• Lässt sich auch bei persönlichen Angriffen nicht aus dem Gleichgewicht bringen			
• Erkennt die Vielschichtigkeit von Konflikten, z. B. die verschiedenen Ebenen, auf denen Konflikte angesiedelt sein können.			
• Verfügt über verbale Strategien, in Konfliktgesprächen Probleme zu erfragen, den Standpunkt der Gegenseite zu ermitteln.			
• Erkennt die unterschiedlichen Interessen von Konfliktparteien			
• Trägt Konflikte aus, neigt nicht zu einer Unterdrückung von Konflikten im Sinne von „Harmonie“.			

Durchschnittliche Gesamtbewertung:	

Erläuterungen

Abbildung: Interviewleitfaden

Welche Kriterien enthält die Skalierung?

Die Skalierung der Kriterien kann auf unterschiedliche Arten erfolgen. Die Varianten reichen von einer einfachen „liegt vor/liegt nicht vor“-Skalierung bis zu einer siebenstufigen Skalierung. Wichtig ist es, den Interviewern ein praktikables Instrument an die Hand zu geben und nicht durch eine zu komplexe und undurchsichtige Art der Bewertung Verwirrung zu schaffen. Eine dreistufige Skalierung ist nicht unbedingt schlechter als eine siebenstufige Skalierung.

Die Einschätzung der Kriterien bzw. die Beurteilung der Aspekte wird anhand des Interviewleitfadens vorgenommen, in aller Regel durch eine einfache Mittelwertbildung über die Einzelkriterien hinweg. Die Zusammenfassung der Dimensionen erfolgt in aller Regel im Rahmen eines Profils. Ein Beispiel für ein solches Profil zeigt die nächste Abbildung:

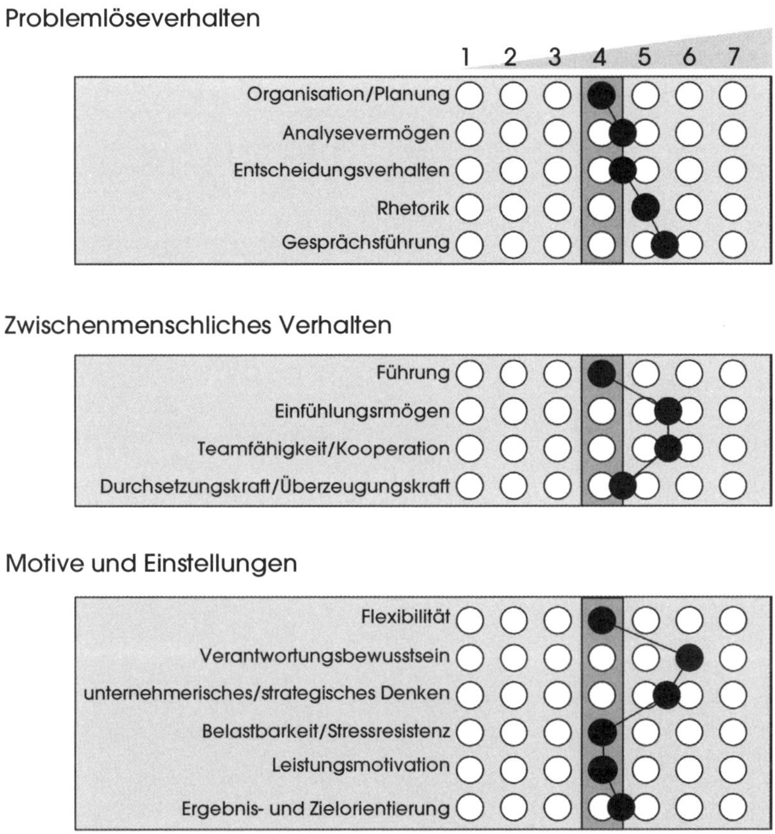

Abbildung: Profil

Es sei nicht verschwiegen, dass es hier sehr viele unterschiedliche Arten der Darstellung und Auswertung gibt. Die detaillierte Behandlung ist uns an dieser Stelle aber nicht möglich, wir verweisen Sie wiederum auf die einschlägige Literatur.

Zusammenfassung

Im Vorfeld eines Bewerberinterviews sollten Sie im Rahmen einer Anforderungsanalyse sehr genau definiert haben, nach welchen Fähigkeiten, Eigenschaften und Fachkenntnissen Sie suchen möchten. Ohne dies ist die nutzbringende Durchführung eines Interviews mittels der vorgestellten Techniken nur schwer möglich.

Die verwandte Interviewtechnik ist einfach:

- Eine Einstiegsfrage führt in den interessierenden Themenbereich hinein.
- Mithilfe so genannter selbstreflektorischer Fragen werden die Themenfelder dann vertieft.
- Mittels eines Interviewleitfadens leiten Sie sich selbst in strukturierter Form durch das Bewerberinterview.
- Anhand des Interviewleitfadens wird auch eine Bewertung des Kandidaten oder der Kandidatin vorgenommen.

Konstruktive Mitarbeitergespräche führen

Ulrich Linz erwartet die Vertriebsassistentin Sabine Müller. Sie ist seit zwei Jahren bei der Cleanox GmbH und hat sich gut in die Firma eingelebt. Linz ist mit ihren Leistungen sehr zufrieden. Frau Müller ist eine engagierte und ehrgeizige Mitarbeiterin. Von den Außendienstlern wird sie geschätzt. Ulrich Linz hat schon mehrfach vom Vertriebsleiter gehört, dass sich Sabine Müller unterfordert fühlt. Das Problem ist aber, dass es keine direkten Aufstiegsmöglichkeiten für sie gibt. Er bittet Sabine Müller zu einem Gespräch, in dem es um ihre beruflichen Pläne gehen soll. Er will auf jeden Fall vermeiden, dass diese leistungsfähige Mitarbeiterin das Unternehmen verlässt.

„Ich freue mich richtig, dass ich mit Ihnen einmal sprechen kann", sagt Sabine Müller, als sie das Büro von Ulrich Linz betritt. „Ich wollte Sie schon seit längerem fragen, ob wir uns nicht einmal zusammensetzen könnten." „Dann bin ich Ihnen also zuvorgekommen", meint Ulrich Linz schmunzelnd. „Was mich betrifft, so habe ich Sie aus zwei Gründen zu einem Gespräch gebeten; erstens möchte ich Ihnen zu Ihrer guten Arbeit gratulieren und zweitens wollte ich Sie fragen, wie wir für Sie ein paar interessantere Aufgaben finden können." Sabine Müller lächelt und bedankt sich für das Lob. „Wissen Sie, ich habe das Gefühl, auf der Stelle zu treten. Ich erledige meine Aufgaben gerne, aber sie sind keine Herausforderung mehr. Ich glaube, dass es Zeit wird für etwas Neues."

„Leider gibt es momentan keinen Posten, den ich zu vergeben hätte", bedauert Ulrich Linz. „Aber würden Sie es vielleicht schätzen, wenn Sie einen eigenen Vertriebsbereich übernehmen könnten? Was halten Sie davon? Da können Sie dann mal zeigen, was in Ihnen steckt!" Sabine Müller findet den Vorschlag gut. „Schlafen Sie mal drüber!", meint Ulrich Linz. Wenn Sie einverstanden sind, machen wir uns dann in den nächsten Tagen Gedanken über die Einzelheiten. Wir sollten auch besprechen, ob Sie für die neue Aufgabe die eine oder andere Fortbildung machen wollen ..."

Mitarbeitergespräche sind von zentraler Bedeutung für die Steuerung und Förderung von Mitarbeitern. Sie werden meist regelmäßig eingesetzt, um Mitarbeiterpotenziale einzuschätzen, gemeinsam Ziele zu vereinbaren, ihre Erreichung zu überprüft und Personalentwicklungsmaßnahmen zu definieren. Wir beschäftigen uns hier mit drei Formen des Mitarbeitergesprächs, mit denen Führungskräfte häufig konfrontiert sind, nämlich dem:

- Zielvereinbarungsgespräch,
- Mitarbeiterbeurteilungsgespräch,
- Mitarbeiterjahresgespräch.

Das Zielvereinbarungsgespräch

> „Könntest du mir sagen, wo ich jetzt hingehen soll?", fragte Alice. „Das hängt ganz davon ab, wo du hinwillst", sagte die Katze. „Eigentlich ist es mir egal", sagte Alice. „Dann ist es auch egal, wo du hingehst", sagte die Katze. „Ich möchte nur gern irgendwo hinkommen!", fügte Alice als Erklärung hinzu „Ach, irgendwohin kommst du bestimmt", sagte die Katze, „wenn du weit genug läufst."
>
> „Alice im Wunderland" von Lewis Carroll

Dieses Gespräch zwischen Alice und der Katze verdeutlicht die Wichtigkeit von Zielen: Wer nicht weiß, wohin er will, kann irgendetwas tun, ohne definierte Richtung. – Ist das aber befriedigend? Ohne konkrete Ziele bleiben Erfolgserlebnisse aus. Ziellosigkeit führt zu Unzufriedenheit, Langeweile oder langfristig sogar zu Depressionen.

Wenn Mitarbeiter zu eigenverantwortlichem Handeln motiviert und zu Höchstleistungen angespornt werden sollen, sind Zielvereinbarungen unverzichtbar. Schon Martin Luther formulierte „Ans Ziel kommt nur, wer eines hat". Ziele geben der Arbeit und dem Leben mehr Sinn, motivieren, steigern die Leistungsfähigkeit und setzen Kraft und Energie frei.

Menschen wollen nicht nur verstehen, was sie tun; sie wollen den Sinn im eigenen Tun erkennen. Das ist nur möglich, wenn es für ihr Handeln sinnvolle Ziele gibt. Anspruchsvolle Ziele wirken herausfordernd und spornen den Ehrgeiz an. Gleichzeitig ermöglicht die Bewältigung schwieriger Aufgaben den Aufbau von Selbstvertrauen in die eigene Leistungsfähigkeit und trägt bei Erfolg zur Steigerung des Selbstwertgefühls bei. Voraussetzung ist natürlich das Commitment und die Identifikation des Mitarbeiters mit dem jeweiligen Ziel.

Was ist ein Zielvereinbarungsgespräch?

Unter einem Zielvereinbarungsgespräch wird das gemeinsame Festlegen anzustrebender Ergebnisse (Resultate) für einen bestimmten Zeitraum in knapper – in der Regel schriftlicher – Form verstanden. Zielvereinbarungen entstehen im Dialog zwischen Führungskraft und Mitarbeiter.

Neben einer eindeutigen und transparenten Zieldefinition spielt das Feedback im Rahmen der Zielsetzungs- und Zielverfolgungsprozesse eine bedeutende Rolle. Es dient nicht nur der Bestätigung gewählter Handlungsstrategien zur Zielerreichung, sondern bildet die Basis für Weiterentwicklung und Veränderung. Positive Rückmeldungen wirken aber nur, wenn sie aufrichtig gemeint sind, da sonst die Glaubwürdigkeit der Führungskraft infrage gestellt wird.

Warum Zielvereinbarungen so wichtig sind

Der konsequente Einsatz von Zielvereinbarungen lohnt sich für Mitarbeiter wie Führungskräfte.

Vorteile für die Mitarbeiter

- Es ergeben sich immer wieder konstruktive Diskussionen mit der Führungskraft über Aufgaben, Ziele und Handlungsspielräume.
- Die Ziele der Firma und Erwartungen an jeden Einzelnen werden transparent.
- Es gibt eine regelmäßige offene Rückmeldung über die Einschätzung der Mitarbeiter-Leistung.
- Indem Teilergebnisse erreicht werden, können Mitarbeiter regelmäßige Erfolgserlebnisse verbuchen.
- Mit der Bewältigung anspruchsvoller Aufgaben wächst das Selbstbewusstsein und es kommt nach und nach zu einer Kompetenzerweiterung.
- Selbstständiges und eigenverantwortliches Handeln wird gefördert.

Vorteile für die Führungskräfte

- Die standardisierte Form des Zielvereinbarungsgesprächs hilft bei der Leistungseinschätzung der Mitarbeiter.
- Es herrscht Transparenz über die Zielaufteilung in der eigenen Organisationseinheit.
- Mitarbeiter fühlen sich bei der Zielvereinbarung und Leistungseinschätzung einbezogen.
- Planvolles Handeln wird ermöglicht.
- Das Leistungs-, Termin- und Kostenbewusstsein wird geschärft.
- Die Eigeninitiative der Mitarbeiter wächst.
- Die Arbeitsbereiche stimmen sich besser untereinander ab; Zielkonflikte werden aufgedeckt.

Neben dem oben erwähnten Motivationsaspekt bilden Ziele die Grundlage für eine Leistungsmessung. Dem Mitarbeiter ist transparent, was von ihm im Rahmen seines Arbeitsbereiches erwartet wird. Dies gibt ihm unter anderem die Möglichkeit, kontinuierlich einen Ist-Soll-Abgleich bezüglich des Zielerreichungsgrades vorzunehmen und kurzfristig und selbstständig entsprechende Maßnahmen zur Optimierung seiner Leistung einzuleiten. Die Fähigkeit zur Selbstreflexion und eigenverantwortliches Handeln werden gefördert.

Aus den dargestellten Vorteilen leiten sich folgende Funktionen für Zielvereinbarungen ab:

- **Steuerungsfunktion:** Das Handeln und Verhalten des Mitarbeiters werden durch einen Ist-Soll-Abgleich der Zielerreichung gesteuert; es gibt die Möglichkeit der frühzeitigen Intervention.
- **Motivationsfunktion**: Ziele wirken motivierend und leistungsfördernd und geben Kraft und Energie; die Arbeit bekommt einen Sinn und eine Richtung.
- **Rahmenfunktion**: Handlungs- und Gestaltungsspielräume werden festgelegt, in denen sich der Mitarbeiter bewegen kann.
- **Entlastungsfunktion**: Die Selbststeuerung und Eigenverantwortung des Mitarbeiters werden gefördert; die Führungskraft delegiert mehr und mehr und fühlt sich entlastet.
- **Orientierungsfunktion**: Dem Mitarbeiter wird transparent, welchen Beitrag er zur Erreichung der Bereichs- und Unternehmensziele leistet.
- **Rückmelde-Funktion**: Der Mitarbeiter erhält kontinuierlich Feedback über seine Leistung und Möglichkeiten der Leistungsoptimierung.
- **Harmonisierungsfunktion**: Es kommt zum Einklang von unternehmerischen und individuellen Zielen durch eine transparente Zielkaskadierung.

Der Zielvereinbarungsprozess im Unternehmen

Beim Einsatz von Zielvereinbarungssystemen werden die Ziele einzelner Unternehmenseinheiten und Mitarbeiter systematisch erarbeitet, so dass eine einheitliche Ausrichtung auf die übergeordneten Unternehmensziele gewährleistet ist.

Im ersten Schritt werden Ziele im Kontext der Gesamtorganisation definiert, die die Grundlage für den weiteren Zielvereinbarungsprozess darstellen. Nach dem Top-down-Prinzip werden anschließend auf allen Ebenen der Organisation Ziele für die Unternehmenseinheiten bis hin zu einzelnen Mitarbeitern definiert, die aus den jeweils übergeordneten Zielen abgeleitet sind.

Welche Auswirkungen es für das Gesamtunternehmen hat, dass die individuellen Ziele erreicht werden, wird hingegen Bottom-up dargestellt.

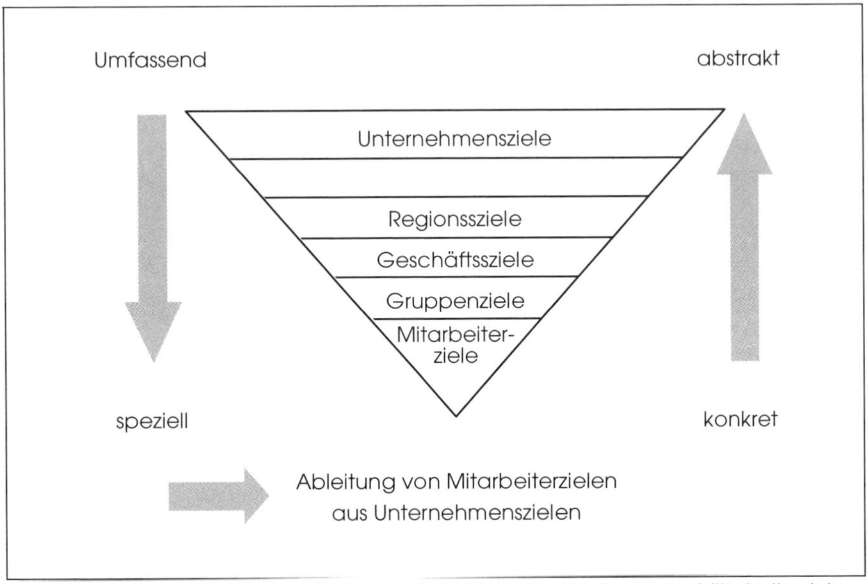

Abbildung: Zielhierachie – Ableitung von Mitarbeiterzielen

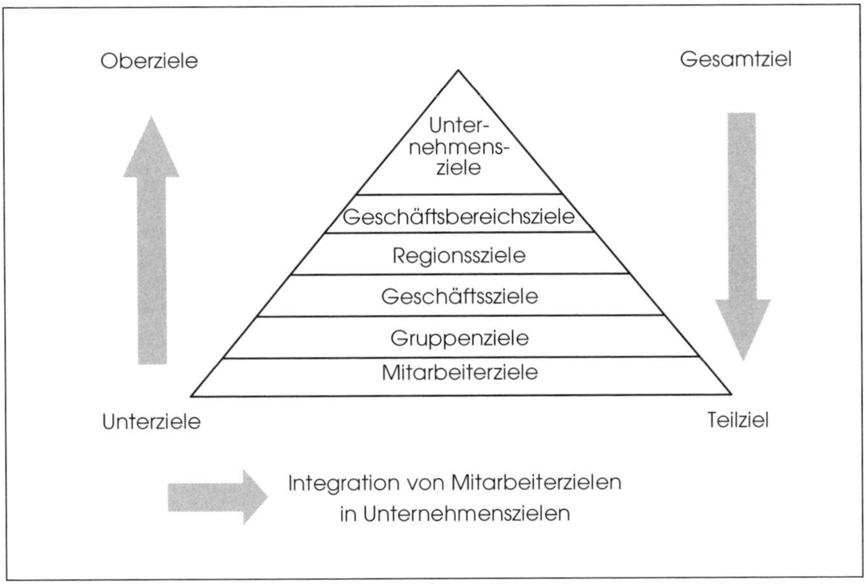

Abbildung: Zielhierachie – Integration von Mitarbeiterzielen

Wie bereits erwähnt, soll die Zieldefinition auf individueller Ebene gemeinsam mit dem Mitarbeiter vorgenommen werden, um Akzeptanz, Commitment und Identifikation mit den Zielen zu gewährleisten. Dabei ist zwischen den Zielen des Mitarbeiters und denen des Unternehmens ein Einklang herzustellen. Die Zielvereinbarung wird in den meisten Fällen einmal jährlich vorgenommen. Am Ende jeder Periode werden die erreichten Ziele kontrolliert und neue definiert.

Welche Zielkriterien zu beachten und welche Zielarten sich überhaupt unterscheiden lassen, wird in dem nachfolgenden Absatz behandelt.

Hohe Abstraktions- und Komplexitätsgrade von Zielen, Unsicherheit und mangelnde Erfahrung mit Operationalisierung führen ebenso zum Scheitern von „doch so gut gemeinten" Zielvereinbarungssystemen wie zu wenig Kenntnis über effektive Gesprächsführungstechniken.

Vor diesem Hintergrund ist es ratsam, sich professionelle Unterstützung zu holen oder mittels Fachliteratur das notwendige Wissen anzueignen.

Wie müssen Ziele definiert sein?

Oft werden Ziele mit Arbeitsanweisungen und Aufträgen verwechselt. Diese sind Teil der Stellenbeschreibungen, aber keine wirklichen Ziele. Echte Ziele beschreiben ein spezifisches Endergebnis, außerdem gibt es einen Fertigstellungstermin. Damit erhält der Mitarbeiter die Möglichkeit, den Weg zum Ziel innerhalb festgelegter Handlungsspielräume selber zu bestimmen. Den Unterschied von Arbeitsanweisungen und Zielen verdeutlicht folgendes Beispiel:

Arbeitsanweisung: Der Vorgesetzte bittet seine Sekretärin, von dem Geschäftsbericht acht Kopien für die anstehende Vorstandssitzung um 14.00 Uhr zu machen.

Ziel: Der Vorgesetzte vereinbart mit seiner Sekretärin, dass sie auf der Basis ihrer langjährigen Erfahrungen ein Konzept zur schnellen und reibungslosen „Einarbeitung neuer Sekretärinnen" erarbeitet und ihm in drei Monaten präsentiert.

Im ersten Beispiel handelt es sich um eine reine Arbeitsanweisung, die kaum Gestaltungsspielraum zulässt und somit keinerlei Herausforderung für die Sekretärin darstellt. Voraussetzung für eine Arbeitsanweisung ist, dass der Vorgesetzte das Aufgabengebiet des Mitarbeiters genau kennt und somit abschätzen kann, inwieweit das Ziel mit dem vorgegebenen Weg auch erreicht werden kann.

Im zweiten Beispiel hingegen ist ein klares Ziel mit Zeitfenster vorgegeben. Die Sekretärin bestimmt den Weg dorthin selbst, z. B. inwieweit sie andere Sekretärinnen einbindet, deren Erfahrungen erfragt, wie sie das Einarbeitungskonzept inhaltlich aufbaut usw. Das Ziel stellt für die Sekretärin eine neue Herausforderung dar, da es über ihre routinierten Sekretärinnentätigkeiten hinausweist und sie sich mit dieser Aufgabe mittelfristig (insbesondere wenn ihr Konzept zur Umsetzung kommt) durchaus bereichsübergreifend profilieren kann.

„Wenn Zielsetzungen nur gute Vorsätze sind, sind sie wertlos. Sie müssen in Arbeit ausarten. Und Arbeit ist immer spezifisch, hat immer – oder sollte haben – klare, unzweideutige, messbare Ergebnisse, eine Freisetzung und eine spezifische Zuweisung der Verantwortlichkeit."

Peter F. Drucker

Unsere Erfahrungen in der Praxis zeigen, dass es Führungskräften häufig schwer fällt, ihre Vorstellungen und Visionen in klar verständliche und messbare Ziele zu fassen. Ziele verlieren ihre motivierende Kraft, sobald sie zu kompliziert formuliert, vom Anforderungscharakter zu hoch oder zu niedrig aufgehängt oder hinsichtlich der Zielerreichung nicht klar messbar sind. Aus diesem Grund empfiehlt sich, im Rahmen der Konzeptionsphase eines Zielvereinbarungssystems zentrale Zielgrößen mit möglichen Messkriterien zu erarbeiten, so dass im Ergebnis ein Leitfaden, ein so genannter Zielkatalog, entsteht. Auf diesen können sich Führungskräfte bei der Zieldefinition beziehen. Die wichtigsten Zielkriterien sind nachfolgend zusammengefasst.

Ziele müssen eindeutig sein

- Unklare und schwammige Ausdrücke verhindern eine klare Zielfokussierung. Mitarbeitern reagieren unsicher („Was genau meint mein Vorgesetzter damit?").
- Wählen Sie eindeutige Formulierungen („Die Kosten sollen um 10 % gesenkt werden").
- Vermeiden Sie „Unverbindlichkeitswörter" wie „sollte", „könnte", „müsste".
- Formulieren Sie die Ziele in der Gegenwartsform.
- Legen Sie einen Zeitrahmen fest (üblicherweise werden Zielvereinbarungen für die Dauer eines Jahres getroffen). Zum Beispiel: „Der Mitarbeiter bedient das SAP-Programm nach einer Einarbeitungszeit von sechs Monaten eigenständig."
- Beachten Sie Schnittstellen zu anderen bereits definierten Zielen im Bereich oder in der Abteilung, um möglicherweise auftretende Überschneidungen oder sogar Zielkonflikte zu vermeiden.

Stellen Sie ruhig Ansprüche

Ziele dürfen nicht zu hoch und nicht zu niedrig gehängt sein. Erscheint das Ziel von Beginn an unerreichbar, wird der Mitarbeiter nur halbherzig an die Sache herangehen. Resignation und Demotivation sind mögliche Folgen. Ziele sollen zwar anspruchsvoll sein, aber sie müssen auf die Mitarbeiterfähigkeiten und -kompetenzen, die zur Verfügung stehenden Ressourcen (Zeit, Unterstützung des Vorgesetzten etc.) und die externen Bedingungen (aktuelle Marktlage, Wettbewerber etc.) zugeschnitten sein.

Sind die Ergebnisse messbar?

Die Messbarkeit von Zielen ist eines der wichtigsten Kriterien überhaupt. Eindeutige Messkriterien verschaffen dem Mitarbeiter Klarheit darüber, wann er sein Ziel erreicht bzw. übererfüllt hat. Nur dann ist er in der Lage, sein Tun prioritätenorientiert auszurichten und den Grad der Zielerreichung zu jeder Zeit selbst zu überprüfen. Quantitative Ziele haben den Vorteil, dass die Messkriterien sehr leicht durch Kennzahlen und absolute Werte definierbar sind. Schwieriger hingegen ist die Formulierung von Messkriterien für qualitative Ziele. Hier empfiehlt es sich, Anregungen aus einem Zielkatalog zu holen (falls im

Unternehmen existent) oder gemeinsam mit dem Mitarbeiter Messkriterien festzulegen. Hierzu ein Beispiel:

Innovationsziel: Entwicklung eines neuen Produkts. Das Ziel ist erreicht, wenn 80 % der Kollegen im Unternehmen das Produkt hinsichtlich Funktionalität und Nutzen für sehr gut bis gut eingeschätzt haben (Instrument zur Messung: interne schriftliche Befragung).

Übung: Zielformulierung	
Üben Sie die Zielformulierung! Formulieren Sie für mehrere Mitarbeiterinnen und Mitarbeiter (die Sie aus dem Berufsalltag kennen) oder für sich selbst für jede der genannten Kategorien mindestens 1 realistisches und umsetzbares Ziel.	
Quantitative Ziele	z. B. Umsatz, Ertrag, Budget
Qualitative Ziele	z. B. Kundenzufriedenheit, Fehlerquote
Effektivitätsziele	z. B. Durchlaufzeiten, Überstunden
Projektziele	„Führen Sie das Projekt XY zum Ergebnis Z bis zum Zeitpunkt C"
Qualifizierungsziele	z. B. Programmiersprache, Fachwissen
Verhaltensziele	z. B. gegenüber dem Kunden, den Kollegen
Innovationsziele	z. B. Produktentwicklung, Marktanalyse
Ziele zum Teamnutzen	z. B. Entwicklung neuer Standards, Einarbeitung neuer Mitarbeiter

Sorgen Sie für Akzeptanz

Grundsätzlich orientieren sich Ziele an der mittel- bis langfristigen Unternehmensausrichtung. Vor diesem Hintergrund ist es notwendig, dass sich Mitarbeiter mit der geforderten Leistung (in Form von Zielen) identifizieren und ein hohes Commitment zeigen. Nur dann werden die individuellen Ziele, Teamziele, Bereichsziele und letztendlich die Unternehmensziele erreicht. Dem Mitarbeiter muss die Zielkaskadierung transparent und bewusst sein. Wichtig für die Akzeptanz ist das Vorgehen im Rahmen des Zielvereinbarungsgespräches. Der Mitarbeiter sollte an der individuellen Zielfindung unbedingt beteiligt sein. Er kennt seinen Aufgabenbereich am besten und wird daher wertvolle Informationen beisteuern. Bei der gemeinsamen Zieldefinition kann der Mitarbeiter auch abschätzen, inwieweit er mit den ihm zur Verfügung stehenden Ressourcen in der Lage ist, die Zielerreichung selbstständig zu beeinflussen.

Verfolgen Sie die Zielerreichung konsequent

Zielvereinbarungen tragen erst dann Früchte, wenn die Zielerreichung konsequent verfolgt wird. Die Führungskraft ist bezogen auf die getroffenen Zielvereinbarungen mit den Mitarbeitern verantwortlich für die Ergebniskontrolle. Wie oft und intensiv eine Überprüfung der Zwischenergebnisse erfolgt, ist allerdings abhängig vom Reifegrad des Mitarbeiters. Je reifer ein Mitarbeiter ist, um so weniger müssen Zwischenschritte, so genannte Milestones, definiert und kontrolliert werden. Reife Mitarbeiter zeichnen sich neben ihrer fachlichen Qualifikation durch ein hohes Maß an Selbstverantwortung und Selbstständigkeit im Arbeiten aus. Je unreifer – und damit teilweise auch unsicherer – ein Mitarbeiter ist, um so mehr ist es Aufgabe der Führungskraft, den Weg zum Ziel mit dem Mitarbeiter gemeinsam zu definieren, kontinuierlich Zielerreichungsgrade zu überprüfen und bei Abweichungen entsprechende Maßnahmen einzuleiten.

Im Motivationskontext gesehen sollte die Führungskraft situativ ihre Anerkennung für erreichte Zwischenergebnisse oder gute Leistungen ausdrücken.

Die wichtigsten Zielkriterien, die erfüllt sein müssen, um eine Erfolg versprechende Zielerreichung zu gewährleisten, wurden soeben dargestellt. In der nachfolgenden Abbildung sind weitere Zielkriterien aufgeführt, die Sie sich aufgrund der formelhaften Darstellung schnell einprägen können. Sie bedürfen keiner weiteren Erläuterung.

S	Specific (spezifisch)	P	Positiv stated (positiv formuliert)	C	Challenging (herausfordernd)
M	Measurable (messbar)	U	Understood (verstanden)	L	Legal (legal)
A	Attainable (erreichbar)	R	Relevant (relevant)	E	Environmental (umweltverträglich)
R	Realistic (realistisch)	E	Ethical (ethisch)	A	Agreed (akzeptiert)
T	Time phased (terminiert)			R	Recorded (protokolliert)

Abbildung: Smart-Pure-Clear

Wie Sie das Zielvereinbarungsgespräch aufbauen

Der Erfolg von Zielvereinbarungen steht und fällt mit der Qualität des Gespräches zwischen Führungskraft und Mitarbeiter. Die Führungskraft klärt vorab die zukünftige Ausrichtung des Bereichs, die dafür geltenden Rahmenbedingungen und eventuell benötigte Ressourcen. Sie informiert die Mitarbeiter über die übergeordneten Ziele und Vorgaben und kündigt den Termin des individuellen Zielvereinbarungsgesprächs rechtzeitig an.

Der Mitarbeiter klärt seine Aufgaben und Verantwortungsbereiche, macht sich über seine persönlichen Ziele Gedanken und überlegt, inwiefern die Führungskraft ihn auf seinem Weg unterstützen kann.

Führen mit Zielvereinbarungen funktioniert nur, wenn Führungskräfte gemeinsam mit ihren Mitarbeitern im bilateralen Gespräch echte Vereinbarungen treffen, statt Vorgaben zu machen. Solche Gespräche werden nicht „zwischen Tür und Angel" geführt, sondern erfordern Zeit für eine intensive Vor- und Nachbereitung sowie Durchführung.

Gesprächsvorbereitung

Sowohl die Führungskraft als auch der Mitarbeiter sollten sich intensiv auf das Zielvereinbarungsgespräch vorbereiten. Hierbei haben sich Leitfragen als sehr nützlich erwiesen. Sie sorgen dafür, dass man zu verbindlichen Absprachen gelangt und sowohl strategische als auch persönliche Belange berücksichtigt werden. Hilfreich ist es, wenn die Leitfragen der Führungskraft und dem Mitarbeiter in Form einer Checkliste vorliegen, so werden wesentliche Aspekte nicht vergessen. Folgende Fragen sollte sich der Mitarbeiter vor der Zielvereinbarung stellen:

Vorbereitende Fragen für den Mitarbeiter

Einschätzung der Zielerreichung:

- Welche Arbeitsziele/Aufgaben sind von mir vorrangig, welche nachrangig behandelt worden?
- Welche der Ziele habe ich meiner Meinung nach erreicht?
- Welche der Ziele habe ich meiner Meinung nach nicht erreicht?
- Was war bezüglich der verschiedenen Zielstellungen förderlich?
- Was war bezüglich der verschiedenen Zielstellungen hinderlich?
- Welche meiner Fähigkeiten konnte ich voll, welche bedingt einsetzen?

Vorschau auf neue Ziele:

- Für welche andere Tätigkeit glaube ich auch oder besser geeignet zu sein?
- Welche zukünftigen Arbeitsziele/Aufgaben halte ich für wichtig?
- Welche Ziele möchte ich im kommenden Vereinbarungszeitraum konkret erreichen und wie würde ich diese gewichten?
- Welche Voraussetzungen müssen gegeben sein, damit ich diese Ziele erreichen kann? Ressourcen (Arbeitsmittel, personelle Unterstützung, Zeit); Zusammenarbeit mit anderen Schnittstellen; Fortbildungen und Seminare.
- Welche Erwartungen und Vorstellungen habe ich hinsichtlich meiner beruflichen Entwicklung?
- Was halte ich darüber hinaus noch für wichtig?

Folgende Fragen sollte sich die Führungskraft vor der Zielvereinbarung stellen:

Vorbereitende Fragen für die Führungskraft

Einschätzung der Zielerreichung:

- Welche Ziele hatten wir im letzten Zieldialog vereinbart?
- Welche Messgrößen hatten wir zur Überprüfung festgelegt?
- In welchem Maße wurden die Ziele erreicht, übererfüllt oder nicht erreicht?
- Was ist dem Mitarbeiter besonders gut gelungen? Was ist ihm weniger gut gelungen?
- Wo sehen Sie mögliche Ursachen für die Nicht-Zielerreichung?

Vorschau auf neue Ziele:

- Welche Ziele werden mir als Führungskraft gesetzt?
- Welche Ziele möchte ich dem Mitarbeiter setzen?
- Kann es zu Interessenkonflikten oder entgegengesetzten Einschätzungen kommen?
- Welche Schwierigkeiten können bei der Umsetzung der neu definierten Ziele entstehen?
- Welche Personen sind beteiligt?
- Wie realistisch sind die organisatorischen Bedingungen?
- Welche Unterlagen, Informationen und Hilfsmittel müssen zur Verfügung stehen?
- Welche Kontrollen sind zu vereinbaren?
- Welche Ziele würden die Förderung des Mitarbeiters unterstützen?

Gesprächsablauf

Für die Durchführung des Zielvereinbarungsgesprächs empfiehlt sich folgender Leitfaden:

Leitfaden: Zielvereinbarungsgespräch
1. Begrüßung und Aufbau einer guten Gesprächsatmosphäre ▪ Einstieg mit einem Thema, das den Mitarbeiter persönlich betrifft.
2. Festlegung der Gesprächsziele und -inhalte ▪ Klären von Bedeutung und Funktion des Zielvereinbarungsgespräches (falls noch nicht im Vorfeld geschehen); ▪ Inhalte darstellen und Vorgehensweise vorschlagen.
3. Beurteilungsphase: Gemeinsame Bilanz über Leistung und Arbeitsverhalten ▪ Rückblick auf gesetzte Ziele (gemeinsames Verständnis); ▪ Mitarbeiter: Selbsteinschätzung des Zielerreichungsgrades; ▪ Beurteilung durch die Führungskraft: - Wertschätzung der positiven Zielerreichungen und Teilleistungen - Zielerreichungs-Defizite sachlich darstellen; ▪ Ursachen für aufgetretene Probleme analysieren; - Veränderungsnotwendigkeiten herausarbeiten.
4. Erörterung der Zielsetzungen des Unternehmens und der daraus abgeleiteten Zielsetzungen des Bereiches für die nächste Periode ▪ Aktuelle Unternehmensentwicklungen darstellen, Akzeptanz für die definierten Strategien und Ziele schaffen; - Raum für Rückfragen des Mitarbeiters einplanen.

Leitfaden: Zielvereinbarungsgespräch

5. Zielvereinbarungsphase I: Gemeinsame Erarbeitung von Arbeitszielen für das Folgejahr (auch: Messkriterien, Rahmenbedingungen)

- Der Mitarbeiter beschreibt, worin er seinen Beitrag zur Erreichung der Unternehmens-/Bereichsziele sieht; anschließend stellt er die Ziele vor, die er sich setzen möchte.
- Die Führungskraft benennt die Ziele, deren Erreichung sie sich vom Mitarbeiter wünscht.
- Es wird eine gemeinsame Gewichtung und Priorisierung der Ziele vorgenommen, wobei die Unternehmenssicht nicht vernachlässigt werden darf.
  - Nach der Einigung über Ziele erfolgen Detailabsprachen bzgl. Definition, Zeitraum, Messkriterien.

6. Zielvereinbarungsphase II: Gemeinsame Erarbeitung von persönlichen Entwicklungszielen sowie möglichen Maßnahmen

- Der Mitarbeiter beschreibt, worin er seine Fähigkeiten und Kompetenzen erweitern will und welche Maßnahmen er vorschlagen würde.
- Die Führungskraft benennt ihre Vorstellungen vor dem Hintergrund der definierten Arbeitsziele hinsichtlich der Entwicklung und Perspektiven des Mitarbeiters.
- Es kommt zur gemeinsamen Definition und Priorisierung individueller Entwicklungsziele.
  - Nach der Einigung über Ziele erfolgen Detailabsprachen (Art und Zeitraum der Fördermaßnahmen).

7. Zusammenfassung der Ergebnisse und positiver Abschluss

- Definierte Ziele und gewünschte Unterstützungsmaßnahmen werden notiert;
- weitere Wünsche, Anregungen des Mitarbeiters erfragt und
- der Termin für das nächste Meilensteingespräch vereinbart, in dem ein erstes gemeinsames Feedback zur Zielerreichung vorgenommen werden kann.

Nach dem Gespräch

Die Ergebnisse von Zielvereinbarungsgesprächen sollten immer schriftlich dokumentiert werden. Empfehlenswert ist der Einsatz standardisierter Formulare. Sie unterstützen die Führungskraft einerseits bei der Gesprächsführung. Zum anderen bilden sie die Grundlage für einen regelmäßigen Soll-Ist-Abgleich hinsichtlich des Zielerreichungsgrades. Sobald alle Ergebnisse des Zielvereinbarungsgespräches dokumentiert wurden, unterschreiben Führungskraft und Mitarbeiter das Dokument und jeder erhält ein Exemplar. Mit der schriftlichen Fixierung und der Unterschrift wird Verbindlichkeit geschaffen.

Wie bereits angeklungen, ist eine konsequente und kontinuierliche Kontrolle des Zielerreichungsgrades notwendig. Insbesondere vor dem Hintergrund unvorhergesehener Entwicklungen am Markt oder notwendiger Umstrukturierungen im Unternehmen reicht es nicht aus, nur einmal im Jahr über die Zielerreichung zu sprechen. In dem Fall hätten Führungskräfte nur noch die Möglichkeit, den Status quo der Zielerreichung zu erfassen, könnten aber keine intervenierenden Maßnahmen mehr einleiten. Daher empfiehlt es sich, in regelmäßigen Abständen so genannte „Milestone-Gespräche" zu führen. Sie können je nach Reifegrad des Mitarbeiters und definierten Zielarten viertel- oder halbjährig durchgeführt werden. Mit diesen Gesprächen sind folgende Zielsetzungen verbunden:

- Reflexion des derzeitigen Zielerreichungsgrades;
- Darstellung der vergangenen und Ausblick auf zukünftige Entwicklungen, die Einfluss auf die Zielerreichung haben könnten;
- gemeinsame Problemlösung bei aufgetretenen Schwierigkeiten; gegebenenfalls Wegkorrekturen;
- Reflexion der bisherigen Zusammenarbeit zwischen Führungskraft und Mitarbeiter hinsichtlich der definierten gegenseitigen Erwartungen (ist mehr oder weniger Unterstützung nötig?).

So meistern Sie schwierige Situationen

Zielvereinbarungsgespräche laufen trotz guter Vorbereitung nicht immer harmonisch ab. Mangelnde Akzeptanz des Instruments, unterschiedlichen Wahrnehmungen und Bewertungen der Leistung oder

Schwierigkeiten in der gemeinsamen Zielfindung können den positiven Abschluss des Gespräches gefährden. Gleichzeitig beeinflussen Faktoren wie:

- die Unternehmenskultur (beispielsweise die Ausnutzung hierarchischer Macht),
- das Verhältnis zwischen Führungskraft und Mitarbeiter (latent schwelende Konflikte, übersteigerte Harmoniesucht) sowie
- die Genese des Zielvereinbarungssystems insgesamt (Einbeziehung der Mitarbeiter, Kopplung an variable Vergütungssysteme)

den erfolgreichen Einsatz von Zielvereinbarungen. Eskalationen im Rahmen von Zielvereinbarungsgesprächen können zu totalem Rückzug und Resignation des Mitarbeiters sowie Leistungsabfall und Demotivation führen.

Um auftretende Konflikte konstruktiv zu lösen bzw. Eskalationen zu vermeiden, ist es notwendig, Konfliktsignale frühzeitig zu erkennen und tiefer liegende Interessen des Mitarbeiters herauszuarbeiten.

Typische Konfliktanzeichen	Mögliche Ursachen
Der Mitarbeiter akzeptiert nicht die vorgenommene Bewertung der Zielerreichung.	▪ Unklare Definition der Messkriterien (wann ist Ziel 100 %ig erreicht?) ▪ Eigene Unzufriedenheit mit der Leistung, gekoppelt mit Scham und Angst vor Gesichtsverlust. ▪ Divergierendes Selbst- und Fremdbild hinsichtlich der erbrachten Leistungen.
Dem Mitarbeiter fallen keine Ziele ein.	▪ Der Mitarbeiter hat sich auf das Gespräch nicht vorbereitet. ▪ Dem Mitarbeiter ist die Zielkaskadierung nicht transparent. ▪ Der Mitarbeiter unterschätzt seine eigene Leistung und sieht sich selber als „Low-Performer" (Angst vor Misserfolgen).

Typische Konfliktanzeichen	Mögliche Ursachen
Der Mitarbeiter ist nicht bereit, ein von der Führungskraft vorgeschlagenes Ziel in den Zielkatalog mit aufzunehmen.	▪ Das Ziel erscheint für den Mitarbeiter unerreichbar (aufgrund mangelnder Fähigkeiten und Fertigkeiten). ▪ Der Mitarbeiter identifiziert sich mit dem Ziel nicht (es ist nicht greifbar für ihn, es ist nicht motivierend etc.). ▪ Der Mitarbeiter ist noch nicht von der Wichtigkeit des Ziels überzeugt (sieht das Ziel eher als bessere „Beschäftigungstherapie" an).
Der Mitarbeiter zeigt sich sehr wortkarg und nickt alles widerstandslos ab.	▪ Der Mitarbeiter hat bereits resigniert. (Die Gründe hierfür können sehr vielfältig sein.)
Das Gesprächsklima ist insgesamt negativ.	▪ Es gibt latente Konflikte, die in der Arbeitsbeziehung schon lange mitschwingen.

Um auftretende Konflikte zu lösen, empfehlen sich folgende Vorgehensweisen in der Gesprächsführung:

Zeigen Sie Verständnis für die Situation des Mitarbeiters, seine Zweifel und Ängste!

„Ich kann gut nachvollziehen, dass bei der Betrachtung der derzeitigen Marktbedingungen Unsicherheiten in Bezug auf die Erreichung der Umsatzziele auftauchen."

Stellen Sie aktiv Fragen zu Wahrnehmungen des Mitarbeiters, Alternativvorschlägen, möglichen Gründen für z. B. Motivationsverlust etc.!

„Warum haben Sie denn das Gefühl, dass Ihre Arbeitsergebnisse nicht genügend gewürdigt werden?"

Geben Sie dem Mitarbeiter Zeit, seine Ansichten, Meinungen und Wahrnehmungen zu äußern! Verständnisfragen der Führungskraft sind in dieser Phase gewünscht, sie sind zudem Ausdruck der Wertschätzung und des aktiven Zuhörens.

„Verstehe ich Sie richtig? Sie fühlen sich mit dem soeben besprochenen Ziel überfordert?“

Legen Sie dem Mitarbeiter dar, wie Sie eine Sache sehen. Die Argumente müssen nachvollziehbar, transparent und sachlich vorgetragen werden.

„Ich bin überzeugt, dass Sie das Projektziel erreichen werden. Sie werden von Ihren Kollegen respektiert, bringen die notwendigen Erfahrungen auf diesem Gebiet und das geforderte Fingerspitzengefühl mit. Sobald sich im Projekt selbst Schwierigkeiten abzeichnen, unterstütze ich Sie gerne.“

Arbeiten Sie Lösungswege möglichst gemeinsam heraus. Zeigen Sie auf, dass Probleme die Chance beinhalten, dazuzulernen. Bringen Sie dem Mitarbeiter Ihre Wertschätzung entgegen!

„Sie begegnen diesen Widerständen ja nicht zum ersten Mal und haben auch in der Vergangenheit gute Wege gefunden, die Probleme zu lösen. Welche konkrete Vorgehensweise bzw. Lösung würden Sie in diesem Fall vorschlagen?“

Bleiben Sie standhaft. Setzen Sie eigene Ansichten durch (z. B. wenn ein Mitarbeiter ein für das Unternehmen wichtiges Ziel nicht in die eigene Zielvereinbarung mit aufnehmen will); schaffen Sie keinen Präzedenzfall!

„Alle Argumente sind jetzt ausgetauscht. Ich verstehe Ihren Standpunkt, dennoch werden wie in jedem anderen Unternehmen die Unternehmensziele mit der höchsten Priorität behandelt. Ich erwarte von Ihnen, dass Sie dieses Ziel genauso engagiert verfolgen wie Ihre persönlichen Ziele.“

Lässt sich keine Einigung erzielen, legen Sie eine Denkpause ein und vereinbaren einen neuen Termin!

„Ich habe das Gefühl, dass wir an dieser Stelle zu keiner gemeinsamen Lösung finden. Vor diesem Hintergrund schlage ich vor, die Argumente erst einmal „wirken“ zu lassen und uns zu einem späteren Zeitpunkt wieder zusammenzusetzen.“

Bei anhaltendem Dissens sollte der nächsthöhere Vorgesetzte als Moderator und Schlichter hinzugerufen werden. Auf Wunsch kann man einen Mitarbeiter der Personalabteilung und ein Betriebsratsmitglied einbeziehen.

„Da wir partout keine Einigung erzielen können, werde ich zu unserem nächsten Gespräch den Herrn Hauser (Vorgesetzter der Führungskraft) bitten."

Beispiel für einen Zielvereinbarungsbogen

Am Ende dieses Abschnitts nennen wir Ihnen die wichtigsten Punkte eines Zielvereinbarungsbogens.

Zentrale Inhalte eines Zielvereinbarungsbogens

- Nennen Sie Aufgaben und Verantwortungsbereiche: Führen Sie Aspekte der Tätigkeit auf, die über längere Zeiträume hinweg in engem Zusammenhang mit der jeweiligen Position stehen.
- Halten Sie die Zielerreichung der vorherigen Periode fest. Schätzen Sie ein, ob und in welchem Maße die Ziele der vorherigen Periode erreicht wurden.
- Treffen Sie Zielvereinbarungen für die neue Periode: Erarbeiten Sie die Ziele gemeinsam.
- Geben Sie ein Feedback und beurteilen Sie das allgemeine Leistungsverhalten des Mitarbeiters. Mitarbeiter und Führungskräfte sollten die Möglichkeit haben, die individuellen Stärken und Entwicklungsbereiche des Einzelnen zu diskutieren.
- Planen Sie Weiterbildungsmaßnahmen, die zur Zielerreichung beitragen. Besprechen Sie den Weiterbildungsplan für das kommende Jahr und zeigen Sie dem Mitarbeiter weitere Entwicklungsperspektiven auf.

Das Mitarbeiterbeurteilungsgespräch

In der betriebswirtschaftlichen Literatur wird zunehmend ein systematisches und strategisches Personalmanagement gefordert. Dabei kommt einer zukunftsorientierten Personalplanung und –entwicklung ein besonderer Stellenwert zu. Die Mitarbeiter- bzw. Leistungsbeurteilung spielt innerhalb des strategischen Personalsystems eine sehr wichtige Rolle. Ziel ist es, das vorhandene Mitarbeiterpotenzial besser auszuschöpfen und damit die Unternehmensziele zu erreichen.

Wozu braucht man eine systematische Mitarbeiterbeurteilung?

Die systematische und standardisierte Mitarbeiterbeurteilung ist ein wichtiges Führungsinstrument. Mithilfe der Mitarbeiterbeurteilung soll nicht nur das vergangene Leistungsverhalten des Mitarbeiters eingeschätzt, sondern auch das Förder- und Entwicklungspotenzial erhoben werden, um notwendige Weiterbildungsmaßnahmen einzuleiten.

> Die standardisierte Mitarbeiterbeurteilung ist eine objektivierte Stärken- und Schwächenanalyse. Aus ihr werden die individuellen Fördermaßnahmen abgeleitet.

Gleichzeitig werden durch eine systematische Mitarbeiterbeurteilung zuverlässige und aussagekräftige Informationen generiert, die sowohl eine optimale Personaleinsatzplanung als auch leistungsgerechte Vergütungs- und Anreizsysteme ermöglichen. Als Instrument der Personalführung, -entwicklung, -einsatzplanung und zur Lohn- und Gehaltsfindung verfolgt die Mitarbeiterbeurteilung in der betrieblichen Praxis meist mehrere Zielsetzungen.

Kriterien zur Leistungsbewertung

Leistungen von Mitarbeitern lassen sich nicht immer an Umsatzzahlen bzw. an der Erfüllung von Sollvorgaben messen. Die berufliche Leistung ist ein Konstrukt, das durch verschiedene Leistungskriterien nur annähernd bestimmt werden kann. Durch eine Betrachtung und Einbeziehung mehrerer Leistungskriterien wie Kenntnisse und Fähigkeiten, Zielerreichung, Arbeitsergebnisse und Verhalten erfolgt eine Objektivierung und Quantifizierung der Leistungen des Mitarbeiters. Die unterschiedlichen anforderungsrelevanten Dimensionen der jeweiligen Position finden durch einen strukturierten Beurteilungsbogen adäquate Berücksichtigung bei der Leistungsbewertung.

Dieselben Beurteilungsmaßstäbe für alle

Nur ein einheitliches Beurteilungswesen kann sicherstellen, dass innerhalb der Organisation jeder Mitarbeiter mit dem für seine Positionsebene entsprechenden Maß beurteilt wird.

Ein einheitliches Beurteilungsinstrument bietet die Gewähr, dass in Verbindung mit dem „Know-how" der jeweiligen Führungskräfte die Qualifikation und das Leistungsniveau der Mitarbeiter unter vergleichbaren Bedingungen erhoben wird. Die Mitarbeiterbeurteilung zielt damit auf die Gleichbehandlung aller Mitarbeiter im Unternehmen, in dem sie zum gleichen Zeitpunkt, nach gleichen Spielregeln, mit gleichen Beurteilungskriterien und Bewertungsskalen und –maßstäben durchgeführt wird.

Individuelle Förderung

In der Durchführung von individuellen Förder- und Weiterbildungsmaßnahmen findet die gezielte Stärken-Schwächen-Analyse ihre logische Konsequenz. Die Mitarbeiterbeurteilung stellt so einen wesentlichen Bestandteil einer strategischen Personalentwicklung dar.

Entscheidungshilfe bei Beförderung

Eine systematisch durchgeführte Beurteilung der Mitarbeiter bietet die Möglichkeit, sowohl Über- als auch Unterforderungen frühzeitig festzustellen. Auf der Basis der gewonnenen Erkenntnisse können entsprechende personelle Umgestaltungsmaßnahmen anhand objektiver und nachvollziehbarer Kriterien eingeleitet werden.

Maßstab für die Gehaltsfindung

Ein regelmäßiges Beurteilungswesen kann die Bemessung von individuellen Lohnerhöhungen und Zusatzvergütungen weit gehend objektivieren und in dieser Eigenschaft konfliktvermindernd wirken.

Identifikation von Nachwuchskräften

Mitarbeiterbeurteilungen in regelmäßigen Abständen erlauben eine Aussage über individuelle Entwicklungsverläufe von Nachwuchskräften. Durch die Identifikation von vorhandenem Potenzial im Unternehmen ist die Besetzung von Führungspositionen „aus den eigenen Reihen" langfristig gewährleistet. Eine systematische Mitarbeiterbeurteilung und –entwicklung ist im Übrigen für den Mittelstand ein entscheidendes Erfolgskriterium, wenn es um die Nachfolgeregelung geht.

Schwachstellen aufdecken

Werden unternehmensweite identische Beurteilungskriterien angewendet, können personal-strukturelle Schwächebereiche besser erfasst werden. Das Problem lässt sich unter Vermeidung hoher Fluktuations- und Absentismuskosten gezielt angehen. In diesem Sinne tragen strukturierte Beurteilungsverfahren langfristig gesehen zu einer Erhöhung der Zufriedenheit und einer stärkeren Bindung der Mitarbeiter an das Unternehmen bei.

„Erziehung" der Vorgesetzten

Der meist jährliche Einsatz von Beurteilungsverfahren setzt voraus, dass sich der Vorgesetzte intensiv mit den Stärken und Schwächen der einzelnen Mitarbeiter befasst. Die Implementierung eines standardisierten Beurteilungsinstrumentes verpflichtet die Vorgesetzten, sich auch in Anbetracht knapper Zeitressourcen den Belangen und Anforderungen der Mitarbeiter an eine gerechte Beurteilung in Bezug auf alle anforderungsrelevanten Dimensionen zu stellen.

Die Ziele, die mit einer systematischen Erhebung von Leistungs- und Potenzialdaten verbunden sind, können vielseitig sein und auf individueller als auch auf organisationaler Ebene greifen. Äußerst wichtig ist, dass nicht alle Zielsetzungen gleichzeitig in einem Beurteilungssystem erfüllt werden. So sollte die Erarbeitung von Defiziten eines Mitarbeiters und die Ableitung von Förderungsmaßnahmen nicht mit Gehaltsentscheidungen verbunden sein. Je nach Zielsetzung sind auch die Anforderungen an ein Beurteilungssystem und die damit verbundenen Beurteilungskriterien und Bewertungsmaßstäbe unterschiedlich.

Vorteile und Nutzen der Mitarbeiterbeurteilung

Welche Vorteile die Beurteilung für die Mitarbeiter-, Führungskräfte- und Unternehmensebene hat, zeigen wir im Folgenden.

Zunächst zu den Mitarbeitern. Durch das strukturierte Beurteilungsverfahren erhalten Mitarbeiter eine detaillierte Rückmeldung über die eigene Leistung (Feedback). Die realistische Einschätzung eigener Stärken und Defizite sowie das Erkennen von Förderungsmöglichkeiten und -notwendigkeiten sowie potenziellen Aufstiegschancen sind dank transparenter Beurteilungskriterien wesentlich leichter vom Mitarbeiter nachzuvollziehen.

Nutzen für den Mitarbeiter

- Bestätigung der eigenen Leistung
- Ermutigung zu Verbesserungen
- Lernen, mit Kritik umzugehen
- Sicherheit durch fortlaufende Standortbestimmung
- Objektivertes Bild von sich selber und Korrektur eigener Fehleinschätzungen
- Bessere Einschätzung der eigenen Leistung, auch im Vergleich mit anderen
- Höhere Motivation durch realistischere Perspektiven für die berufliche Zukunft

Informationen über den individuellen Leistungsstand des Mitarbeiters sind die Voraussetzung für den Vergleich mit absoluten und relativen Leistungsstandards im Unternehmen. Letztendlich ist das übergeordnete Ziel aller Personalentwicklungsbemühungen die Steigerung der Effektivität von Organisationen, um damit die Wettbewerbsfähigkeit und das Überleben im Markt zu sichern.

Erst wenn man Mitarbeiterpotenziale erkannt hat, können Personalentwicklungs- und –trainingsmaßnahmen abgeleitet werden. Die Ermittlung des Trainingsbedarfes ist eine Voraussetzung für eine Optimierung der mittel- und langfristigen Personalplanung.

Nutzen für die Führungskraft

- Systematische und strukturierte Überprüfung von Kenntnis- und Leistungsstand der Mitarbeiter
- Überprüfung der Passung zwischen Anforderungen der Position und Ist-Profil des Mitarbeiters
- Gemeinsames Festlegen von Entwicklungszielen und -maßnahmen, dadurch höhere Akzeptanz beim Mitarbeiter
- Steigerung der Leistung des Mitarbeiters durch erhöhte Motivation

Nutzen für das Unternehmen

- Mehr Transparenz bezüglich der Unternehmenssituation (Gibt es ausreichend Potenzialträger im Unternehmen?)
- Erkennen von Konflikt- und Problemfeldern
- Bessere Abstimmung von Anforderungen des Arbeitsplatzes und Fähigkeiten des Mitarbeiters
- Besseres Kennen Lernen der Mitarbeiter
- Vorhandene Potenziale können analysiert werden, beispielsweise bezüglich geplanter Veränderungen im Unternehmen

Leistungskriterien und Beurteilungsdimensionen

Beurteilungen basieren zumeist auf einem positionsspezifischen Anforderungsprofil, welches die erfolgskritischen Anforderungen abbildet, mit denen eine Annäherung an das Konstrukt Leistung erreicht werden soll. Dem Mitarbeiter wird somit transparent gemacht, was von ihm im Einzelnen erwartet wird.

Die geforderte bzw. erwartete Leistung lässt sich auf mehreren Ebenen beschreiben. Zum einen können **ergebnisorientierte Beurteilungen** vorgenommen werden, die sich ausschließlich an quantifizierbaren Leistungen orientieren, wie z. B. Verkaufs- und Umsatzzahlen, Anzahl der Kundenreklamationen, Fehlerquoten etc. Ein typischer Anwendungsfall ist beispielsweise die Beurteilung von Zielerreichungsgraden im Rahmen des Management by Objectives.

Als weiteres Kriterium für individuelle Leistung werden **Verhaltensmaße** angesehen. Den Kernbereich der Leistungsbeurteilung bildet hier die Einschätzung des Verhaltens, das der Mitarbeiter in seiner Arbeit an den Tag legt. Mit der Beobachtung und Beurteilung des Arbeitsverhaltens können mögliche Ursachen für das Erbringen oder Nichterbringen von Leistung eruiert werden.

In Situationen, wo Personalentscheidungen mit Prognosecharakter zu treffen sind, d. h. das Leistungspotenzial (Eigenschaften, Fähigkeiten, Kenntnisse etc.) des Mitarbeiters eingeschätzt werden soll, erfolgen oft **eigenschaftsorientierte Beurteilungen** (z. B. Aufgeschlossenheit, Gewissenhaftigkeit, Belastbarkeit). Der Vorteil dieser Beurteilungsebene liegt im hohen Generalisierungsgrad über verschiedene Positionen hinweg und der dadurch möglichen Vergleichbarkeit.

Beurteilungen	
Vorteile	**Nachteile**
Ergebnisorientiert:	
Hoher Zusammenhang mit dem Konstrukt Leistung.	Drohende Überbewertung der Hardfacts (z. B. verkaufen um jeden Preis).
Mitarbeiter hat individuellen Verhaltensspielraum, um Ziel zu erreichen (bestimmt den Weg dorthin selbst).	Beeinflussbarkeit der Zielerreichung liegt nicht immer 100%ig beim Mitarbeiter (z. B. schlechte wirtschaftliche Rahmenbedingungen).
Verhaltensorientiert:	
Ursachenorientiertes Feedback.	Hohe Anfälligkeit für Beurteilungstendenzen
Bietet Möglichkeit der direkten Verhaltenssteuerung.	Mögliche Rekonstruktion von Eigenschaftsurteilen auf Verhaltensweisen (z. B. „arbeitet zuverlässig" – Zuverlässigkeit).
Ist Grundlage gezielter Personalentwicklung (Beratung und Coaching; Ableitung von Verhaltenstrainings).	Vorgabe eines „Idealverhaltens" (Vorwurf des geringen Handlungsspielraums).
Eigenschaftsorientiert:	
Einstufung des Potenzials für längerfristige Personalplanung.	Hohe Anfälligkeit für Beurteilungstendenzen.
Hohe Vergleichbarkeit über verschiedene Positionen hinweg.	Mangelnde Relevanz der Eigenschaften für das Leistungskonstrukt.
	Mangelnde begriffliche Eindeutigkeit.

Welche dieser Beurteilungsebenen generell vorzuziehen oder abzulehnen ist, hängt von der konkreten Zielsetzung und dem Zweck der Leistungsbeurteilung ab. Eigenschaftsbezogene Beurteilungen lassen sich vor allem in so genannten Assessment-Centern oder Potenzialanalysen vornehmen, z. B. wenn es um eine prognostische Aussage hinsichtlich des Wechsels in eine andere Position (z. B. Führungskräftenachwuchsplanung) geht.

Prinzipiell geht es darum, erfolgsrelevante Kriterien, die eine Annäherung an das Konstrukt Leistung darstellen, zu identifizieren. In der beruflichen Praxis wird meist eine Kombination der unterschiedlichen Leistungskriterien vorgenommen, um ein verlässliches Bild der Gesamtleistung zu erzielen.

Auftretende Beurteilungstendenzen (wie z. B. Sympathie-Effekt) bei Verhaltens- oder Eigenschaftseinschätzungen können durch exakte Kriterien- und Skalendefinition reduziert werden.

Ökonomisch: Job-families

Die Auswahl geeigneter Beurteilungsdimensionen lässt sich auf unterschiedlichen Wegen vornehmen. Mit einem hohen Arbeits- und Zeitaufwand verbunden ist die Analyse der einzelnen Stellenbeschreibungen und die Ableitung der an die Position gestellten Anforderungen. Da einzelne Arbeitsplätze einen zunehmenden Spezialisierungsgrad aufweisen, liegt ein weiterer Nachteil dieser Vorgehensweise in der mangelnden Vergleichbarkeit der individuellen Beurteilungen. Da Einfachheit und Übersichtlichkeit des Beurteilungsverfahren gefordert sind, werden in der betrieblichen Praxis meist generelle Kriterienkataloge mit unterschiedlicher Gewichtung hinsichtlich definierter Berufsgruppen (so genannte „Job-families") eingesetzt.

Methodisch empfiehlt es sich, in Form von Workshops, Gruppendiskussionen und Interviews mit ausgewählten Vertretern aller relevanten Berufsgruppen die wichtigsten Kriterien herauszuarbeiten. Deren Zahl sollte auf ca. 10 bis 20 beschränkt bleiben, um das ganze System praktikabel zu gestalten. Eine frühzeitige Einbeziehung aller Gruppen wird die spätere Akzeptanz des Beurteilungssystems wesentlich fördern.

Der Prozess der Beurteilung

Eine systematische Beurteilung erfolgt in drei Stufen:

1. exakte Beobachtung der Arbeitsleistung sowie des Verhaltens,
2. kontinuierliche Beschreibung des Verhaltens,
3. Bewertung des Verhaltens anhand von Bewertungsmaßstäben.

Beobachten

Die Beobachtung ist regelmäßig während des gesamten Beurteilungszeitraums durchzuführen, um einerseits genügend Informationen für die Bewertung zu sammeln und gleichzeitig Beurteilungsfehlern, wie z. B. dem Recency-Effekt entgegen zu wirken. Zuverlässige Beobachtung bedeutet nicht, zufällig hinsehen oder -hören, sondern planmäßig beobachten, was der Mitarbeiter in erfolgskritischen Situationen sagt und tut. Dabei muss sich die Beobachtung auf möglichst viele Beispiele in einem ausreichend langen Zeitraum stützen. Wichtig ist, die einzelnen Eindrücke und Beobachtungen zu sammeln und immer wieder zu vergleichen. Bereits in dieser Phase sollten Vorurteile kritisch reflektiert werden.

Beschreiben

Erst eine genaue Beschreibung von beobachtetem Verhalten kann eine Bewertung stützen und somit nachvollziehbar machen. Die Beschreibungen sind so zu formulieren, dass sie einem bestimmten Beurteilungskriterium zuzuschreiben sind und auch nach einem längeren zeitlichen Abstand verstanden werden.

Beobachtungszeitpunkt/Rahmen: 12.02.2003, Teammeeting; Beurteilungskriterium: Durchsetzungsvermögen.

Beobachtetes Verhalten: Herr Schuster bekundet seine Meinung zum Projekt „Einführung SAP“ nachdrücklich und selbstsicher. Unmissverständlich appelliert er an das Engagement seiner Teamkollegen.

Bewerten

In dieser Phase gilt es, die gesammelten Beobachtungen und Beschreibungen in eine endgültige Bewertung einfließen zu lassen. Um Beurteilungs- und Interpretationsfehler zu vermeiden, sollte der Beurteilungsbogen bzw. ein separates Handbuch folgende Punkte enthalten:

A. Erläuterung der Bewertungsmaßstäbe

1	Kompetenz ist nicht bzw. kaum vorhanden („klare Schwäche")
2	Kompetenz ist erkennbar, jedoch noch nicht ausreichend ausgeprägt („Lernfeld")
3	Kompetenz ist vorhanden („mit Einschränkungen")
4	Kompetenz ist gut ausgeprägt („grüner Bereich" bzw. „gelebte Praxis",)
5	Kompetenz ist sehr gut ausgeprägt („variantenreiche Praxis" bzw. „Vorbild")
6	Kompetenz ist herausragend ausgeprägt („absolut professionell" bzw. „Treiber")

B. Verhaltensnahe Beschreibung der Beurteilungskriterien

Auszug: Beispiel Führung

Mit der verhaltensnahen Beschreibung wird eine einheitliche Interpretation der Beurteilungskriterien durch die Führungskraft und den Mitarbeiter sichergestellt.

Beurteilungskriterium	Verhaltensnahe Beschreibung
Zielvereinbarung/ Kontrolle	■ erarbeitet Ziele gemeinsam mit Mitarbeiter/in. ■ kontrolliert und diskutiert die Erreichung vorgegebener Ziele mit seinen Mitarbeitern. ■ arbeitet konkrete Aktionspläne mit klaren Messkriterien aus.
Mitarbeiter-motivation	■ interessiert sich für die persönlichen Belange der Mitarbeiter. ■ baut interne Konkurrenz und Bereichsegoismen ab. ■ unterstützt und bestätigt die Mitarbeiter in deren Fähigkeiten und Kompetenzen.
Feedback/ Coaching	■ führt Feedbackgespräche sensibel, beschreibt Veränderungsnotwendigkeiten verhaltensnah. ■ fordert Feedback zur eigenen Person und setzt dieses im Verhalten um. ■ nimmt glaubhaft die Rolle eines Coach ein.
Konfliktmanagement	■ zieht bei anhaltenden Misserfolgen personelle Konsequenzen. ■ führt konfliktäre Gespräche (Zielabweichungen/unterschiedliche Einschätzungen) sachlich und zielorientiert. ■ übernimmt Verantwortung für eigene Fehler, gesteht diese ein.

Vorsicht vor Wahrnehmungsverzerrungen und Beurteilungsfehlern!

Die Qualität eines Beurteilungssystems und die Zielerreichung hängen stark vom Beurteilenden ab. Jeder Mensch hat eine andere Wahrnehmung, eine andere Sicht der Dinge. Nur wer sich selbstkritisch hinterfragt, beugt Beurteilungsfehlern vor.

Damit Sie die Quote der Beurteilungsfehler reduzieren können, haben wir die häufigsten nachfolgend benannt und beschrieben.

1. Tendenzen zu bestimmten Beurteilungen	▪ Mildetendenz ▪ Strengetendenz ▪ Tendenz zur Mitte
2. Wahrnehmungsfehler	▪ Implizite Persönlichkeitstheorien ▪ Halo-Effekt ▪ Sympathie- Effekt ▪ Stereotype
3. Effekte durch die Reihenfolge der Beobachtung	▪ Recency-Effekt ▪ Verschiebung des Bezugsrahmens
4. Sonstige zufällige Effekte	▪ Stimmungs-Effekt ▪ Umgebungseffekt

MILDETENDENZ

Die Führungskraft tendiert dazu, den Mitarbeiter eher wohlwollend einzuschätzen und negative Urteile zu vermeiden. Mögliche Gründe dafür könnten sein, dass die Führungskraft einen bereits gewonnenen positiven Eindruck nicht gefährden möchte bzw. sie (z. B. aus einem ausgeprägten Harmoniebedürfnis heraus) einen relativ niedrigen Leistungsstandard zu Grunde legt.

Strengetendenz

Die Führungskraft tendiert dazu, den Mitarbeiter eher kritisch einzuschätzen. Ursache kann sein, dass die Führungskraft einen negativen Eindruck vom Mitarbeiter hat oder einen sehr hoher Leistungsstandard gesetzt hat.

Tendenz zur Mitte

Die Führungskraft tendiert dazu, den Mitarbeiter auf einem mittleren Niveau zu beurteilen und damit Extremurteile zu vermeiden. Die Tendenz wird häufig dann gezeigt, wenn die Führungskraft sich hinsichtlich ihrer Einschätzung des Mitarbeiters unsicher ist oder ihre Einschätzung im Mitarbeiterbeurteilungsgespräch nicht begründen möchte.

Implizite Persönlichkeitstheorien

Viele glauben, den Charakter einer Person an bestimmten Merkmalen festmachen zu können. Solche „Theorien" über die Persönlichkeit unserer Mitmenschen prägt die Wahrnehmung stark. Sinn dieser Theorien ist eine schnelle Einschätzung unbekannter Personen (z. B. bei neuen Mitarbeitern).

Beispiele für implizite Persönlichkeitstheorien: *„Gut gekleidete Menschen sind intelligenter als schlecht gekleidete."; „Menschen mit einem schwachen Händedruck sind weniger durchsetzungsstark."*

Der erste Eindruck wird stark durch implizite Persönlichkeitstheorien beeinflusst und hat häufig großen Einfluss auf die Wahrnehmung und das weitere Verhalten der Führungskraft.

Halo-Effekt (Überstrahlungseffekt)

Der Gesamteindruck, den die Führungskraft von einem Mitarbeiter gewonnen hat, entscheidet darüber, welche Eigenschaften er dem Mitarbeiter zuschreibt. Ist der gefühlsmäßige Gesamteindruck eher positiv, tendiert die Führungskraft dazu, dem Mitarbeiter auch andere gute Eigenschaften zuzuschreiben.

Sympathie-Effekt

Der Grad der gegenseitigen Sympathie beeinflusst ebenfalls die Beurteilung. Personen, die besonders sympathisch wirken, werden insgesamt positiver beurteilt - insbesondere, wenn der Mitarbeiter in bestimmten Verhaltensbereichen der Führungskraft ähnelt oder die Führungskraft durch den Mitarbeiter an eine ihr sympathische Person erinnert wird.

Stereotype

Stereotype beziehen sich auf bestimmte Gruppen von Menschen. Professoren sagt man Zerstreutheit nach und Buchhaltern Gewissenhaftigkeit und Verschlossenheit.

Recency-Effekt

Kürzlich aufgetretene Verhaltensweisen sind stärker im Gedächtnis und verzerren die Beurteilung. Das kontinuierliche Sammeln einer Vielzahl von Einzelbeobachtungen hilft, diesem Effekt vorzubeugen

Verschiebung des Bezugsrahmens

Die Einschätzung, ob ein Mitarbeiter gute Leistung erbringt, erfolgt immer innerhalb eines bestimmten Bezugsrahmens. Dieser Rahmen beinhaltet z. B. die Einschätzung darüber, wie die Qualität der vergangenen beruflichen Leistungen bzw. das vorjährige Ergebnis der Mitarbeiterbeurteilung war. Zudem spielt auch ein Vergleich zwischen den einzelnen Mitarbeitern eine große Rolle. Es besteht z. B. die Gefahr, dass die Beurteilung eines Mitarbeiters stark von den Kompetenzen der anderen Kollegen abhängig gemacht wird.

Stimmungs-Effekt

Auch die situative Stimmung der Führungskraft beeinflusst die Beurteilung. Gute Stimmung führt zu einer eher positiven, schlechte Stimmung zu einer eher negativen Beurteilung.

Umgebungseffekt

Die Umgebung, innerhalb derer das Mitarbeiterbeurteilungsgespräch geführt wird, beeinflusst die Führungskraft (aber auch den Mitarbeiter).

So ist vorstellbar, dass sich dunkle, triste Räume oder eine starke Geräuschkulisse negativ auf die Atmosphäre auswirken und auf diese Weise zu dem oben beschriebenen Stimmungs-Effekt führen. Hier einige Tipps, wie Sie diesen Beurteilungsfehlern vorbeugen können:

- Nehmen Sie bei der Vorbereitung des Beurteilungsgesprächs zuerst eine spontane Bewertung vor und hinterfragen Sie diese möglichst nach ein bis zwei Tagen noch einmal kritisch.
- Nutzen Sie strukturierte Beurteilungsformulare mit verhaltensnah beschriebenen Beobachtungsmerkmalen, damit verkleinert sich der Spielraum für Interpretationen und Spekulationen.
- Mehrere Beobachter sehen mehr als ein einzelner Beobachter! Ziehen Sie zur Beurteilung eines Mitarbeiters auch einmal andere Personen hinzu, z. B. Kollegen des zu Beurteilenden oder andere Vorgesetzte. Wichtig dabei ist, dass dies nicht hinter dem Rücken des zu Beurteilenden geschieht!
- Um sich nicht auf einzelne situative Eindrücke zu verlassen, fertigen Sie kontinuierliche Aufzeichnungen an. Konzipieren Sie einen Zusatzbogen, auf dem über ein Jahr hinweg Eintragungen getätigt werden können. Er soll verhindern, dass nur die Eindrücke der letzten vier oder sechs Wochen in die Beurteilung eingehen. Geben Sie bei Bedarf bereits unterjährig dem Mitarbeiter Rückmeldung, so dass er die Möglichkeit erhält, sein Verhalten zu korrigieren.
- Oft ist die Ausprägung eines Merkmals situationsabhängig. Beobachten Sie Ihre Mitarbeiter bezüglich dieses Merkmals in verschiedenen Situationen, um situationsübergreifende Urteile fällen zu können.
- Verabschieden Sie sich von Idealprofilen! Es geht darum, die Anforderungen für die Position im Blick zu behalten und festzustellen, ob der Mitarbeiter sie erfüllt.
- Werden Sie misstrauisch sich selbst gegenüber, wenn Sie besonders gute oder besonders schlechte Beurteilungen vergeben haben!
- Stellen Sie Stereotypen infrage!
- Decken Sie Wahrnehmungsverzerrungen auf! Bitten Sie den Mitarbeiter, seinen Beurteilungsbogen für sich selber auszufüllen. Sprechen Sie Differenzen zwischen seiner und Ihrer Beurteilung an.

ÜBERPRÜFEN SIE IHR BEURTEILUNGSVERMÖGEN

- Basiert die Beurteilung auf konkreten Verhaltensbeobachtungen?
- Werden beobachtete Details sinnvoll zusammengefasst? (Z. B. durch kontinuierlichen Einsatz eines Beobachtungsprotokolls.)
- Die Stärken/Schwächen-Einschätzung umfasst verschiedene Aspekte der zu beurteilenden Person.
- Die Begründung der Bewertung erfolgt differenziert.
- Optimierungsbereiche werden sachlich und konkret formuliert und greifen den Mitarbeiter nicht persönlich an.

So ist ein Mitarbeiterbeurteilungsgespräch aufgebaut

Den zentralen Teil der Mitarbeiterbeurteilung bildet das Gespräch zwischen Führungskraft und Mitarbeiter. Es ist die Voraussetzung dafür, dass das Mitarbeiterbeurteilungssystem per se und die vorgenommenen Bewertungen akzeptiert werden.

Für die Terminierung und das Führen des Mitarbeiterbeurteilungsgespräches ist die jeweilige Führungskraft verantwortlich. In der beruflichen Praxis findet dieses Gespräch meist einmal jährlich statt und dauert etwa ein bis zwei Stunden. Schicken Sie dem Mitarbeiter frühzeitig eine Einladung zum Gesprächstermin. So hat er die Möglichkeit, sich intensiv vorzubereiten hinsichtlich:

- der Selbsteinschätzung bezogen auf die Beurteilungskriterien;
- seiner eigenen Vorstellungen über notwendige Weiterbildungsmaßnahmen und angestrebte Karriereperspektiven;
- der Erwartungen an das Führungsverhalten des Vorgesetzten;
- ggf. der Einschätzung des Leistungsverhaltens des Vorgesetzten.

Gesprächsvorbereitung

Zu einer guten Gesprächsvorbereitung gehört, dass die Ziele klar sind und die Gesprächstaktik die wesentlichen Gesprächsphasen berücksichtigt. Als Führungskraft sollten Sie für die Vorbereitung auf das Gespräch mindestens genauso viel Zeit einplanen wie für die eigentliche Durchführung. Es gilt, alle wichtigen Unterlagen und Aufzeichnungen zu sammeln, Bewertungen bezogen auf die Beurteilungskriterien vorzunehmen (falls das noch nicht geschehen ist) und sich einen „roten Faden" zu überlegen.

Vorbereitende Fragen für die Führungskraft

Folgende Fragen sollte sich die Führungskraft vor der Mitarbeiterbeurteilung stellen:

- Was ist dem Mitarbeiter in der vergangenen Periode besonders gut gelungen? Wo sehe ich Verbesserungsmöglichkeiten?
- Welche besonderen Stärken und Fähigkeiten würde ich aufgrund meiner Wahrnehmung dem Mitarbeiter zuschreiben? (Zunächst Gesamtsicht, anschließend reflektiert auf vordefinierte Dimensionen)
- Wo sehe ich Defizite hinsichtlich der Beurteilungsdimensionen?
- Gibt es darüber hinaus gehende Wissens- und Könnensdefizite, die den Mitarbeiter bei der Erfüllung seiner Aufgaben beeinträchtigen? (Evtl. hat sich auch das Aufgabenspektrum des Mitarbeiters geändert bzw. erweitert.)
- Durch welche Maßnahmen im kommenden Jahr soll der Mitarbeiter entwickelt bzw. gefördert werden? Wie kann ich den Mitarbeiter bei seiner Entwicklung unterstützen und begleiten (Coaching, neue Aufgabengebiete, um erworbene Qualifikationen anwenden zu können etc.)?
- Welche Entwicklungs- und Karriereperspektiven kann ich dem Mitarbeiter aufzeigen?
- Welche Beobachtungen habe ich in der vergangenen Periode bzgl. der Zusammenarbeit mit dem Mitarbeiter gemacht? Welche Wünsche und Erwartungen an den Mitarbeiter lassen sich daraus ableiten?

Vorbereitende Fragen für den Mitarbeiter

Aber auch der Mitarbeiter sollte sich auf das Gespräch umfassend vorbereiten:

- Wo sehe ich meine persönlichen Stärken? Was ist mir besonders gut gelungen?
- Wo sehe ich bei mir selbst noch Verbesserungsmöglichkeiten aufgrund von identifizierten Wissens- und Kenntnisdefiziten?
- Wie würde ich mich hinsichtlich der im Beurteilungsbogen definierten Dimensionen einschätzen?
- Wie würde ich meine Führungskraft hinsichtlich der Beurteilungsdimensionen einschätzen?
- Durch welche Maßnahmen will ich im kommenden Jahr entwickelt bzw. gefördert werden? Welche Unterstützung erwarte bzw. wünsche ich mir dabei von meinem Vorgesetzten?
- Welche Entwicklungs- und Karriereperspektiven sehe ich für mich? Welche Aktivitäten möchte ich mittel- oder langfristig ausbauen, weil sie mir interessant erscheinen?
- Welche Beobachtungen habe ich in der vergangenen Periode bzgl. der Zusammenarbeit mit der Führungskraft gemacht? Welche Wünsche und Erwartungen an die Führungskraft lassen sich daraus ableiten?

Vorbereitung der Gesprächsstruktur

Organisation:

- Welche Gesprächsunterlagen benötige ich?
- Welche möglichen Störquellen müssen ausgeschaltet werden?
- Klärung: Einladung und Termin, Ort, Sitzordnung

Ziele:

- Was sind meine Gesprächsziele?
- Welche Gesprächsziele hat der Mitarbeiter?

Durchführung:

- Welche Einleitung wähle ich für das Gespräch? (Ziel: positive Gesprächsatmosphäre aufbauen)
- Wie sieht der „rote Faden“ für das Gespräch aus? (Darstellung eigener Wahrnehmungen, Argumentation der Bewertungen, Formulierung wünschenswerter zukünftiger Verhaltensweisen etc.)

- Welche Kommunikationstechniken setze ich bewusst ein? (Z. B. um Reaktanz/Widerstand beim Gegenüber zu vermeiden): Ich-Botschaften, Fragetechniken, Argumentationstechniken, Aktives Zuhören usw.
- Mit welchen negativen Reaktionen bzw. Gegenargumenten muss ich rechnen? Wie sieht meine Gesprächsstrategie zur Entkräftung der Gegenargumente aus?
- Wie muss der Gesprächsabschluss aussehen, damit die Basis für eine weitere gute und konstruktive Zusammenarbeit geschaffen ist?

Gesprächsablauf

Für die Durchführung des Mitarbeiterbeurteilungsgesprächs empfiehlt sich folgender Leitfaden:

Leitfaden: Mitarbeiterbeurteilungsgespräch
1. Begrüßung und Aufbau einer guten Gesprächsatmosphäre ■ Einstieg mit einem Thema, das den Mitarbeiter persönlich betrifft.
2. Festlegung der Gesprächsziele und -inhalte ■ Klären von Zielsetzung, Inhalten und Vorgehensweise.
3. Gemeinsame Bilanz über Leistung und Arbeitsverhalten **3.1 Selbstbeurteilung des Mitarbeiters** ■ Geben Sie dem Mitarbeiter Gelegenheit zu erläutern, wie er sich selbst beurteilt. ■ Hören Sie dabei aktiv zu und machen Sie gegebenenfalls Notizen. ■ Unterbrechen Sie nur dann, wenn dies notwendig ist, um weitere Infos zu erhalten.

Leitfaden: Mitarbeiterbeurteilungsgespräch

3.2 Vorgesetzteneinschätzung

- Einleitung: Erläutern Sie die eigene Sichtweise.
- Ergänzen Sie die Selbstbeurteilung des Mitarbeiters, bestätigen und ggf. korrigieren Sie.
- Begründen Sie die Beurteilung anhand von Daten und Fakten.
- Argumente sollten auf grundlegenden Verhaltensweisen des Mitarbeiters basieren.
- Positive Aspekte sollten im Rahmen des Feedbacks zuerst genannt werden.
- Nennen Sie konkrete Beispiele für Ihre Einschätzungen.

3.3 Raum für Reaktionen

- Absicht: geben Sie dem Mitarbeiter die Möglichkeit, Gefühle (Freude, Unzufriedenheit, Ärger, Enttäuschung) zu zeigen.
- Versuchen Sie die in den Emotionen verborgenen Motive und Bedürfnisse des Mitarbeiters zu erkennen.

3.4 Aktuelle Probleme der/des Mitarbeiters am Arbeitsplatz

- Suchen Sie gemeinsam nach Ursachen für Probleme/Schwächen
- Entwickeln Sie gemeinsam Lösungsmöglichkeiten
- Gestalten Sie die zukünftige Zusammenarbeit

Leitfaden: Mitarbeiterbeurteilungsgespräch
4. Erörterung von beruflichen Perspektiven und Entwicklungsmaßnahmen. ■ Qualifizierung durch Weiterbildungsmaßnahmen; ■ Arbeitsplatzbezogene Vorbereitung und Förderung für neue Aufgaben (Training on the job); ■ Erörterung der Perspektiven für die berufliche Entwicklung; ■ Diskussion und Vereinbarung von Arbeits- und Entwicklungszielen.
5. Zusammenfassung der Ergebnisse und positiver Abschluss ■ Im Idealfall wurde die Übereinstimmung bezüglich der Leistungseinschätzung des Mitarbeiters erreicht. ■ Dem Mitarbeiter wird Hilfestellung und Unterstützung zugesichert, er wird motiviert. ■ Es werden Maßnahmen zur Überprüfung der Entwicklung des Mitarbeiters angekündigt.

Einen Punkt dürfen wir nicht vergessen, wenn es um die Gestaltung erfolgreicher Mitarbeitergespräche geht: die Gesprächsatmosphäre. Nach dem Motto „der Ton macht die Musik“ ist eine positive und freundliche Atmosphäre, die von gegenseitiger Wertschätzung und Anerkennung geprägt ist, unverzichtbar. Die Führungskraft sollte klar und deutlich die Stärken und Leistungserfolge des Mitarbeiters als auch optimierungswürdige Aspekte seines Arbeitsverhaltens benennen. Geben Sie dem Mitarbeiter aber genügend Raum, seine persönliche Sichtweise über Leistungs- und Verhaltensaspekte, Ziele sowie über Wünsche und Erwartungen an den Vorgesetzten darzulegen.

In der Regel entscheiden die ersten drei bis vier Minuten darüber, welche Stimmung im Gespräch herrscht und wie es verläuft. Wenn Sie merken, dass die Atmosphäre schlecht ist, brechen Sie das Gespräch ab und vereinbaren Sie einen neuen Termin.

Nach dem Gespräch

Die Ergebnisse des Gespräches halten Sie schriftlich fest. Die anschließende Unterzeichnung durch beide Gesprächspartner dient ausschließlich der Dokumentation. Die Unterschrift des Mitarbeiters bestätigt nur seine Kenntnisnahme, bedeutet aber nicht, dass er mit der Einschätzung seines Vorgesetzten einverstanden ist. Seine Einwände kann der Mitarbeiter unter „Ergänzungen des Mitarbeiters zum Gespräch" dokumentieren.

Der Mitarbeiter und der Vorgesetzte erhalten jeweils eine Kopie, das Original wird in der Personalakte abgelegt.

Beobachten Sie in der ersten Zeit das Verhalten und die Leistung des Mitarbeiters, d. h. inwieweit er motiviert an seine Arbeit herangeht und die im Mitarbeiterbeurteilungsgespräch definierten Optimierungsbereiche proaktiv angeht. Insbesondere, wenn im Feedback sehr stark auf das individuelle Verhalten am Arbeitsplatz und der Umgang mit anderen Kollegen kritisch reflektiert wurde, sollten vereinbarte Verhaltensänderungen beim Mitarbeiter zeitnah erfolgen. Ist dies nicht der Fall, sollten Sie bald ein neues Gespräch vereinbaren, um die Ursachen zu ergründen.

Unterstützen Sie die Umsetzung der im Gespräch getroffenen Vereinbarungen. Begleiten Sie aktiv die Fördermaßnahmen, z. B. durch regelmäßige Transfergespräche. Unterstützen Sie den Mitarbeiter im täglichen Arbeitsprozess. Geben Sie zeitnah Feedback, sofern Ihnen etwas auffällt. Dem Mitarbeiter sollten Möglichkeiten eingeräumt werden, neu erlerntes Wissen anzuwenden und sich auszuprobieren.

Freie Beurteilungen sind auch möglich

In der bisherigen Darstellung der Mitarbeiterbeurteilung sind wir auf formalisierte Verfahren, die bereichsübergreifend bzw. unternehmensweit ihre Anwendung finden, eingegangen. Neben der instrumentalisierten Mitarbeiterbeurteilung gibt es natürlich auch die freie Eindrucksschilderung in Form von regelmäßigen Feedbackgesprächen. Hier entscheidet der Beurteiler selbst über die Wahl seiner Beurteilungskriterien und die damit verbundenen Bewertungsmaßstäbe. Bei der Anwendung dieser „freien Beurteilung" ist die Führungskraft nicht an Formulare gebunden.

Lernen Sie aus Seminaren

Wie Mitarbeiterbeurteilungsgespräche professionell geführt werden, können Sie in Schulungen lernen. In den Trainings sollten die Führungskräfte sowohl mit der Philosophie als auch mit der Handhabung des Beurteilungssystems vertraut gemacht werden. Häufig wird ein Gespräch simuliert und auf Video aufgezeichnet, um ein gezieltes Feedback zu ermöglichen.

Wie Sie Personalentwicklungsempfehlungen ableiten

Die Mitarbeiterbeurteilung dient nicht nur zur Reflexion der bisherigen Performance des Mitarbeiters. Aus ihr werden auch persönliche Entwicklungsziele und zukünftige Karriereperspektiven abgeleitet. Vor diesem Hintergrund sollten die Ergebnisse in einen individuellen Entwicklungsplan münden, der berufliche Fortbildungsmöglichkeiten aufzeigt sowie in die qualitative Personalplanung eingeht.

Inhalte der Entwicklungsplanung sind die Verantwortlichkeiten der jetzigen Position, Wünsche und Zielsetzungen für die nächsten zwei bis drei Jahre, Kenntnisse, Eigenschaften und insbesondere notwendige Fördermaßnahmen, um das individuelle Potenzial zu steigern. Darüber hinaus sollten die Qualifizierungsmaßnahmen der letzten fünf Jahre ihre Beachtung finden, um gegebenenfalls zielgerichtet daran anknüpfen zu können.

Moderne Qualifizierungsinstrumente	
„distant learning“ (Selbststeuerung)	**„classic“**
Literatur Lehrbriefe Computer based training (CBT) Business-TV Multimedia	Fachseminare Verhaltenstrainings Kongresse Management-Kurse Ausbildungsabschlüsse
„on the job”	**„innovativ“**
Einarbeitungsprogramme Foren für den Erfahrungsaustausch Projektlernen Auslandseinsätze Job-Rotation Job-Enrichment Coaching	Key-task-Seminare Geschäftsprozess-Workshops Unternehmens-Rotation Real-life-assessment

So führen Sie Transfergespräche

Im Rahmen von Mitarbeiterbeurteilungsgesprächen werden auch Schritte für die Weiterentwicklung des Mitarbeiters, oft in Form von Seminaren und Trainings, definiert. Um den Erfolg solcher Entwicklungsmaßnahmen zu sichern, werden so genannte Transfergespräche geführt.

In der Praxis ist oft zu beobachten, dass Mitarbeiter entweder aus Retentionsgründen heraus zu Seminaren geschickt werden und/oder die Seminarinhalte wenig Bezug zum tatsächlichen Arbeitsbereich des Mitarbeiters und damit kaum Praxisnähe aufweisen. Daher sollten Sie im ersten Schritt im gemeinsamen Gespräch den wirklichen Bedarf des Mitarbeiters einschätzen.

Ein zentrales Instrument zur Transfersicherung ist das Mitarbeitergespräch zur Vor- und Nachbereitung von Seminaren, welches in der Regel der Vorgesetzte selbst durchführt. Im Idealfall setzt er sich mit seinem Mitarbeiter bis zu zwei Wochen vor dem Seminar zusammen, um die mit der Weiterbildungsmaßnahme verbundenen Ziele genau abzustecken. Folgende Leitfragen sollten im Rahmen des Vorbereitungsgespräches geklärt werden:

- Welche Bedeutung hat die Weiterbildungsmaßnahme insgesamt für den Mitarbeiter?
- Welche Zielsetzung verbindet der Mitarbeiter, welche die Führungskraft mit dem Seminar?
- Welche Erwartungen hat der Mitarbeiter an Verlauf und Inhalt des Seminars? Welchen Nutzen verspricht er sich davon?
- In welchen Arbeitsbereichen oder bei welchen Aufgaben möchte der Mitarbeiter das neu erlernte Wissen umsetzen?
- Welche Widerstände sieht der Mitarbeiter, die ihn an der erfolgreichen Umsetzung des Gelernten hindern könnten?

Mit diesem Gespräch wird nicht nur das Seminar in einen ganzheitlichen Personalentwicklungsprozess eingebettet. Sie schaffen auch Verbindlichkeiten, was den gewünschten Lernerfolg betrifft.

Sichern Sie die Nachhaltigkeit

Sobald der Mitarbeiter vom Seminar zurückkommt, sollte ein weiterer Gesprächstermin vereinbart werden. Zielsetzung des so genannten Nachbereitungsgespräches ist es, die Nachhaltigkeit der Trainingsinhalte zu verstärken und die gewonnenen Erkenntnisse in eine kontinuierliche Personalentwicklung einzubinden. Folgende Inhalte sollten behandelt werden:

- Gesamteindruck und Highlights der Veranstaltung. (Wie ist das Seminar insgesamt gelaufen?, Was hat dem Mitarbeiter besonders gut gefallen; was weniger gut?)

- Inwieweit wurden die im Vorgespräch definierten Lernziele erreicht? Welche Gründe gibt es, wenn einige Lernziele nicht erreicht wurden?
- Umsetzungsrelevanz einzelner Trainingsinhalte. (Wo sieht der Mitarbeiter konkrete Möglichkeiten in seinem Arbeitsbereich das Erlernte anzuwenden? Wo sieht der Mitarbeiter noch Optimierungsmöglichkeiten hinsichtlich seiner eigenen Performance?)
- Gibt es Seminarinhalte, die für das gesamte Team von Bedeutung und Nutzen wären und wenn ja, welche Möglichkeiten gibt es, das neue Wissen weiterzugeben (z. B. im Rahmen eines Meetings)?
- Welche Erwartungen hat der Mitarbeiter an seine Führungskraft hinsichtlich weiterer Unterstützung und Begleitung „on the job"?

Mit konsequent durchgeführten Transfergesprächen werden Schwerpunkte in der Weiterbildung des Mitarbeiters festgelegt, die Nachhaltigkeit der Entwicklungsmaßnahmen gesichert, Inhalte bei Bedarf erneuert und gegebenenfalls überarbeitet.

Beispiel eines Beurteilungsbogens

Im Mitarbeiterbeurteilungsbogen sind neben den Anforderungsprofilen enthalten:

- Raum zur qualitativen Darstellung wichtiger positiver Leistungen des Mitarbeiters im Bewertungszeitraum;
- die qualitative Darstellung der Ziele, die im Beurteilungszeitraum nicht erfüllt wurden;
- wichtige äußere Rahmenbedingungen, auf die der Mitarbeiter keinen Einfluss hatte, die aber seine Leistung beeinflusst haben;
- Fort- und Rückschritte gegenüber der letzten Beurteilung;
- Platz für die Stellungnahme des Mitarbeiters;
- Raum für abgeleitete Maßnahmen mit terminlicher Fixierung und Kontrolle.

Natürlich kann man auch einen Teil einfügen, in dem der Mitarbeiter seinen Vorgesetzten beurteilt. Aus psychologischen Gründen sollte eine solche Vorgesetztenbeurteilung jedoch separat erfolgen. Sie ist im Übrigen ein nützliches Instrument, um Vorgesetzten gezielte Rückmeldung bezüglich ihres Führungsverhaltens zu geben und daraus entsprechende Maßnahmen für die weitere Zusammenarbeit abzuleiten.

Das Mitarbeiterjahresgespräch

Das Mitarbeiterjahresgespräch wird in vielen Unternehmen praktiziert. Die Leistungsbeurteilung des Mitarbeiters erfolgt auf der Basis der Performance und des Zielerreichungsgrades der vergangenen Periode. Liegen Leistungsdefizite vor, werden entsprechende Weiterbildungsmaßnahmen ins Auge gefasst. Bei der Definition neuer Ziele für die nächste Periode ist die bisherige Leistungsbeurteilung zu berücksichtigen. Dabei darf nicht vergessen werden, dass nur Ziele, die der Mitarbeiter erreichen kann, auch eine motivierende Wirkung haben.

> Das Mitarbeiterjahresgespräch vereint die zentralen Führungsinstrumente Leistungsbeurteilung, Mitarbeiterentwicklung und -förderung sowie Zielvereinbarung in einem einzigen Gespräch.

So ist ein Mitarbeiterjahresgespräch aufgebaut

Das Mitarbeiterjahresgespräch stellt im Ablauf einen Mix aus Leistungsbeurteilung und Zielvereinbarung dar. Vor diesem Hintergrund werden wir den Ablauf nur grob skizzieren, da beide Gespräche im Vorfeld bereits ausführlich beschrieben worden sind.

Gesprächsvorbereitung

Bei der Gesprächsvorbereitung sind zwei Aspekte zu berücksichtigen. Zum einen sollte sich der Vorgesetzte auf die Leistungseinschätzung des Mitarbeiters vorbereiten, indem er sich die Ereignisse des letzten Jahres in Erinnerung ruft. Damit stellt er sicher, dass nicht nur die Beobachtungen der letzten Wochen zur Bewertung hinzugezogen werden. Die Einschätzung der Kompetenzen erfolgt anhand bereits definierter und vereinbarter Anforderungen. Zum anderen sollte sich die Führungskraft – wie bei Zielvereinbarungsgesprächen – auf die Einschätzung des Zielerreichungsgrades der vergangenen Periode und auf die Zielfestlegung für die neue Periode vorbereiten. Überlegen Sie:

- Was wurde im letzten Mitarbeiterjahresgespräch an Zielen und Entwicklungsmaßnahmen vereinbart? Wie gelang die Umsetzung?
- Wie schätzen Sie insgesamt die Leistung des Mitarbeiters ein? Wo liegen seine eindeutigen Stärken, wo seine Defizite?
- Welche auffälligen Veränderungen können Sie im Vergleich zum letzten Mitarbeiterjahresgespräch feststellen?
- Gibt es neue Aufgaben, die Sie dem Mitarbeiter übertragen oder eine neue Funktion, auf die Sie den Mitarbeiter vorbereiten wollen?
- Welche neuen Entwicklungsziele ergeben sich aus den oben genannten Überlegen? Welche konkreten Entwicklungsmaßnahmen lassen sich daraus ableiten?
- Inwieweit wurden die bisherigen Entwicklungsziele erreicht? Welche Entwicklungsmaßnahmen (Trainings/Seminare) wurden bereits durchgeführt?

Gesprächsablauf

Für den Gesprächsablauf gilt wie bei allen anderen Mitarbeitergesprächen: ungestörte Räumlichkeiten, sich Zeit für das Gespräch nehmen (keine direkten Anschlusstermine), gut vorbereitet und entspannt in das Gespräch gehen sowie aktives Zuhören!

Leitfaden: Mitarbeiterjahresgespräch

1. Begrüßung und Aufbau einer guten Gesprächsatmosphäre

- Eröffnen Sie das Gespräch und stellen Sie die Gesprächsziele und -inhalte vor. Legen Sie den vorgesehenen Zeitrahmen für das Gespräch fest.

2. Gemeinsame Bilanz über Leistung (Zielerreichung) und Arbeitsverhalten der vergangenen Periode

Besprechen Sie mit dem Mitarbeiter, inwiefern die Vereinbarungen, die im letzten Mitarbeiterjahresgespräch getroffen wurden, umgesetzt worden sind:

- Klären von Zielsetzung, Inhalten und Vorgehensweise.
- Wurden die vereinbarten Ziele erreicht? Wenn nicht, welche Faktoren haben den Mitarbeiter daran gehindert? Welche Gründe gab es dafür?
- Konnten die Soll-Anforderungen (Leistung und Verhalten) erreicht werden? Wenn nicht, was könnten die Ursachen sein?
- Waren die Entwicklungsmaßnahmen erfolgreich? Konnte das Gelernte in die Praxis umgesetzt werden? Wenn nicht, woran lag es?

Auch im Mitarbeiterjahresgespräch sollte der Mitarbeiter Gelegenheit haben, sich bezüglich der definierten Anforderungen selbst einzuschätzen. Anschließend teilt die Führungskraft ihre Beobachtungen mit und nimmt eine Einschätzung hinsichtlich der definierten Anforderungen vor. Anschließend sollten übereinstimmende und abweichende Auffassungen gemeinsam herausgearbeitet werden. Uneinigkeiten bleiben bestehen und werden im Beurteilungsbogen dokumentiert.

- Besprechen Sie mit Ihrem Mitarbeiter detailliert nur die prägnanten Stärken und Schwächen (jeweils drei).
- Diskutieren Sie mit Ihrem Mitarbeiter vor allem auffällige Abweichungen zwischen Fremd- und Selbsteinschätzung.

Leitfaden: Mitarbeiterjahresgespräch

3. Leistung und Arbeitsverhalten für das Folgejahr

In diesem Schritt werden Ziele für das Folgejahr vereinbart. Man bespricht die Entwicklungs- und Karrierevorstellungen des Mitarbeiters und leitet geeignete Maßnahmen ab.

- Welche Ziele sollen mit dem Mitarbeiter vereinbart werden (wie sehen die Messkriterien aus? Inwieweit sind die Ziele an ein variables Vergütungssystem gekoppelt?)
- Welche beruflichen Zielvorstellungen hat der Mitarbeiter? Möchte er neue Aufgaben/Funktionen wahrnehmen? Für welche Tätigkeiten halten Sie (als Führungskraft) ihn geeignet?
- Welche Anforderungen sollen künftig erfüllt werden (Erwartungen der Führungskraft an Performance/Verhalten des Mitarbeiters)?
- Welche Maßnahmen unterstützen den Mitarbeiter die Ziele zu erreichen und die Anforderungen zu erfüllen? Welche Lernziele sind mit den Maßnahmen verbunden?

4. Feedback zu Führung und Zusammenarbeit

Weiterhin sollten die gemeinsame Zusammenarbeit, die Kommunikation sowie die Unterstützung durch den Vorgesetzten reflektiert werden.

- Wie ist insgesamt die Zusammenarbeit zwischen Mitarbeiter und Führungskraft einzuschätzen?
- Inwieweit entspricht das Führungsverhalten den Erwartungen des Mitarbeiters?
- Inwieweit konnte die Führungskraft die Unterstützung gewährleisten, die der Mitarbeiter im vergangenen Mitarbeiterjahresgespräch als Erwartung formuliert hat?

Leitfaden: Mitarbeiterjahresgespräch
5. Zusammenfassung der Ergebnisse und positiver Abschluss
Der Mitarbeiter sollte immer die Möglichkeit haben, zur Leistungseinschätzung, zur Zieldefinition, zum Gesprächsverlauf oder zu Aspekten seiner Tätigkeit Stellung zu nehmen und diese schriftlich festzuhalten. Im Anschluss an die oben erwähnten Gesprächsinhalte ist der Beurteilungsbogen zum Mitarbeiterjahresgespräch auszufüllen und von beiden Seiten zu unterschreiben. Durch Datum und Unterschrift entsteht Verbindlichkeit. Sowohl der Führungskraft als auch dem Mitarbeiter wird versichert, dass der Gesprächsinhalt mit der schriftlichen Dokumentation übereinstimmt.

Nach dem Gespräch

Reflektieren Sie den Gesprächsverlauf und ermitteln Sie mögliche Verbesserungspotenziale:

- Was hatten Sie sich als Gesprächsziel gesetzt? Wurde das Ziel erreicht?
- Was ist Ihnen besonders gut im Gespräch gelungen?
- Was ist Ihnen weniger gut gelungen?
- Worauf müssen Sie Ihrer Meinung nach das nächste Mal besser vorbereitet sein?

In der ersten Zeit nach dem Gespräch sollten Leistung und Verhalten des Mitarbeiters beobachtet und vereinbarte Milestone-Gespräche geführt werden.

Vom zeitlichen Aufwand her gesehen ist natürlich beim Mitarbeiterjahresgespräch viel mehr Zeit einzuplanen für Vorbereitung, Durchführung und Nachbereitung, als wenn man die Gespräche getrennt voneinander führen würde.

Alltägliche, aber anspruchsvolle Gesprächssituationen

Marketingleiter Rainer Lindemann hat seit einigen Wochen einen Assistenten. Rolf Salinger soll ihn bei seiner Arbeit entlasten. Aber irgendwie klappt das nicht so recht. Rolf Salinger kommt ständig in sein Büro gelaufen, um nachzufragen, nachzuhaken, um Erlaubnis für die eine oder andere Sache zu bitten. Rainer Lindemann hat das Gefühl, dass Salinger ihn mehr belastet als entlastet. Dabei ist der gelernte Marketingassistent ansonsten ein guter Mitarbeiter. Er ist verantwortungsbewusst, kooperativ und fleißig.

Rainer Lindemann überlegt, warum er mit Rolf Salinger unzufrieden ist. Hat Salinger vielleicht Angst Fehler zu machen, wenn er eigenständig arbeiten muss? Am besten lädt er ihn einmal zu einem Gespräch ein, um das Problem zu klären.

„Ja, ich habe auch den Eindruck, dass ich Sie nicht wirklich entlaste", erklärt Rolf Salinger, als er am nächsten Tag seinen Chef zu dem vereinbarten Gespräch aufsucht. „Aber woran liegt das denn?", fragt Rainer Lindemann, „Sie schauen andauernd bei mir herein, um sich zu versichern, dass Sie alles richtig machen. Weshalb? Wollen Sie nicht die Verantwortung für die Ihnen gestellten Aufgaben übernehmen?"

Rolf Salinger lacht. „Das ist es ja. Wenn ich die Verantwortung hätte! Aber ich habe immer das Gefühl, dass Sie nicht wirklich die Zügel loslassen. Sie sind oft so misstrauisch und übergeben mir die Aufgaben nie ganz."

Rainer Lindemann ist überrascht. „Sie meinen, dass ich Ihnen nicht traue?" Rolf Salinger nickt. Sein Chef runzelt die Stirn. „Und wie macht sich das bemerkbar?"

„Sie versorgen mich beispielsweise nie mit allen Informationen, die zur Abwicklung nötig sind. Das wäre nicht weiter schlimm, wenn ich die Befugnis hätte, mir die Informationen selbstständig einzuholen. Aber das wollen Sie auch wieder nicht so recht."

„Ich bin wirklich sehr erstaunt, Herr Salinger. Ich dachte immer, Sie scheuten die Verantwortung. Ja, da muss ich wohl ein bisschen an mir arbeiten. Lassen Sie uns mal im Einzelnen besprechen, wie wir das Problem in den Griff kriegen ..."

In diesem Kapitel beschäftigen wir uns mit bestimmten Situationen, die der Führungskraft ein besonders gutes Gespür für den Gesprächspartner abverlangen sowie viel Geschick in der Gesprächsführung. Wir haben zum einen das Thema Delegation ausgewählt, weil sich hierbei oft sehr viele Probleme ergeben, deren Ursachen in der falschen Kommunikation liegen. Zum anderen behandeln wir beim Feedbackgespräch zwei spezielle Arten des Feedbacks, nämlich das Gespräch, in dem der Mitarbeiter gelobt wird, und das Gespräch, in dem Kritik geübt wird.

> „Wer seiner Führungsrolle gerecht werden will, muss genug Vernunft besitzen, um die Aufgaben den richtigen Leuten zu übertragen - und genug Selbstdisziplin, um ihnen nicht ins Handwerk zu pfuschen."
>
> Theodore Roosevelt

Delegieren ist keine Kunst

Betrachten wir zunächst das in unserem Beispiel angerissene Thema Delegation. Delegation bedeutet, Fähigkeiten des Mitarbeiters zu entwickeln, indem man ihm neue herausfordernde Aufgaben anvertraut. In der Praxis wird Delegation aber kaum systematisch genutzt bzw. oft falsch eingesetzt. Die Ursachen hierfür liegen in Spannungen und Befindlichkeiten auf Seiten der Führungskraft als auch der Mitarbeiter begründet. Einer der häufigsten Fehler ist die Scheindelegation, bei der zwar Aufgaben, aber nicht die dazugehörige Verantwortung und Entscheidungsfreiheit delegiert werden.

Typische Delegationsfehler

- Führungskräfte verteilen unzusammenhängende Einzelaufgaben (einziges Ziel der Delegation: sich selbst zu entlasten).
- Die Aufgabenstellungen/Aufgabenbeschreibungen sind unklar formuliert. Es treten Missverständnisse auf.
- Es werden nur Aufgaben, aber nicht die notwendigen Kompetenzen und Handlungsspielräume delegiert.
- Die Delegation erfolgt zwischen Tür und Angel.
- Die Zeit von der Übertragung der Aufgabe bis zur Erledigung ist oft zu knapp bemessen; die Terminsetzung ist unklar („schnell", „sofort").
- Doppeldelegation: die gleiche Aufgabe wird an zwei Personen delegiert, ohne dass diese voneinander wissen.
- Es werden keine oder zu enge Feedback-Kontrollen definiert.

Delegation stellt hohe Anforderungen an Führungskräfte. Am schwierigsten gestaltet sich in vielen Unternehmen das „Loslassen" von Aufgaben und Verantwortung. Führungskräfte erledigen die Aufgaben lieber gleich selbst, „damit es schneller geht und das Ergebnis gut wird". Hauptgründe hierfür sind Mangel an Vertrauen in die Fähigkeiten und Kompetenzen der Mitarbeiter sowie latente Angst vor Machtverlust. Oft scheint auch das Denken in Zahlen, Daten, Fakten, also die Fokussierung auf quantitative Ergebniskennzahlen höher gewichtet zu werden als das Interesse an gezielter Mitarbeiterförderung und -entwicklung.

Weitere Motive für die Ablehnung von Delegation sind

aus der Sicht der Führungskraft:

- Höherer Zeitaufwand, der investiert werden muss, um den Mitarbeiter in ein neues Aufgabengebiet einzuweisen;
- Kontrollaufwand der Ergebnisse;
- zu selbstständige Mitarbeiter, die ihre Arbeitsinhalte selber strukturieren.

Aus Sicht des Mitarbeiters:

- Höherer Arbeits – und damit auch Zeitaufwand;
- Angst vor mehr Verantwortung hinsichtlich möglicher Konsequenzen;
- Überforderung durch einen zu hohen Anforderungsgrad der Aufgabe.

Delegieren Sie gerne?

Nach welchen Kriterien geben Sie Verantwortlichkeiten an Ihre Mitarbeiter weiter?

In welchen Bereichen gibt es bei der Delegation Schwierigkeiten (bei welchen Aufgaben, welchen Mitarbeitern)?

Wo sehen Sie diesbezüglich Lösungsmöglichkeiten?

Welche Prinzipien sind Ihnen bei der Delegation von Aufgaben wichtig?

Wonach entscheiden Sie, ob Sie eine Aufgabe selbst bearbeiten oder delegieren?

Wie berücksichtigen Sie die Über- oder Unterforderung Ihrer Mitarbeiter?

In welchen Bereichen behalten Sie die Verantwortung lieber selbst?

Wo sehen Sie Vorteile, wo Probleme einer Delegation von Verantwortung?

Bringen Sie Ihren Mitarbeitern Vertrauen entgegen. Bieten Sie Hilfestellung und Unterstützung an, wenn erforderlich, aber vermeiden Sie die Kontrolle „zwischendurch“. Nur so erhöhen Sie Motivation und Identifikation für die Aufgabe und fördern gleichzeitig Selbstverantwortung. Weitere Regeln für das Delegationsverhalten lassen sich wie folgt zusammenfassen:

- Delegieren Sie herausfordernde Aufgaben (Fordern und Fördern hängen eng zusammen)!
- Delegieren Sie solche Aufgaben, die für den Mitarbeiter mit dem Erwerb neuer Kompetenzen verbunden sind!
- Kündigen Sie bereits zum Zeitpunkt der Delegation Ergebniskontrollen an! (Je nach Reifegrad des Mitarbeiters sollten die Kontrollabstände zeitlich variieren.)
- Delegieren Sie auch solche Aufgaben, die Sie selbst besser machen könnten, um die Mitarbeiter gezielt zu entwickeln!
- Berücksichtigen Sie die unterschiedliche Leistungsfähigkeit der Mitarbeiter, um Unter- oder Überforderungen zu vermeiden!

So ist ein Delegationsgespräch aufgebaut

Bei der Vorbereitung kommt es an, sich über das eigentliche Gesprächsziel im Klaren zu sein. Dient die Delegation eher der Entlastung der Führungskraft oder wird sie als gezieltes Mitarbeiterentwicklungsinstrument verstanden? Als Checkliste zur Vorbereitung dient die 6-W-Regel.

Was?	■ Was ist genau zu tun? ■ Welches Ergebnis wird angestrebt? ■ Welche Schwierigkeiten sind zu erwarten? ■ Wie will ich das Ergebnis kontrollieren?
Wer?	■ Wer ist für die Aufgabe am besten geeignet? ■ Wer besitzt die notwendigen Kenntnisse und Fähigkeiten?
Warum?	■ Welchem Zweck dient die Aufgabe (Zielsetzung, Motivation)? ■ Was passiert, wenn die Aufgabe nicht oder unvollständig erledigt wird?
Wie	■ Wie soll bei der Ausführung vorgegangen werden? ■ Welche Vorschriften und Richtlinien sind zu beachten? ■ Welche Verfahren sollen angewandt werden?
Womit?	■ Welche Hilfsmittel werden benötigt? ■ Womit muss der Mitarbeiter ausgerüstet sein?
Wann?	■ Wann soll mit der Aufgabe begonnen werden, bis wann soll sie abgeschlossen sein? ■ Wann muss ich kontrollieren, um ggf. eingreifen zu können (Zwischentermine)?

Abbildung: 6-W-Regel

Leitfaden: Delegationsgespräch

1. Gesprächseinleitung

Die Führungskraft stellt das Thema und das Ziel des Gespräches kurz dar.

- Bringen Sie dem Mitarbeiter Wertschätzung entgegen!
- Stellen Sie im Gespräch fest, was der Mitarbeiter Ihrer Meinung nach für Kompetenzen aufweist. Vermitteln Sie ihm Sicherheit!
- Erkundigen Sie sich gegebenenfalls nach seiner bisherigen Arbeitszufriedenheit!
- Wecken Sie Interesse für die Aufgabe!

2. Vorstellung der Delegationsaufgabe

Einzelaufgaben wirken nicht besonders motivierend oder herausfordernd. Mitarbeiter brauchen einen Überblick über den Gesamtzusammenhang einzelner Aufgaben und möchten genau wissen, welchen Mehrwert sie mit der Delegationsaufgabe beisteuern können.

- Beschreiben Sie die neue Aufgabe. Stellen Sie dabei Vorteile und Nutzen für den Mitarbeiter heraus.
- Stellen Sie sich in Ihrer Kommunikation auf die Sprache des Mitarbeiters ein. Verwenden Sie Fachbegriffe nur, wenn unbedingt nötig.
- Weisen Sie auf mögliche Probleme/Risiken hin.
- Ermuntern Sie den Mitarbeiter Verständnisfragen zu stellen.

3. Erläutern der weiteren Vorgehensweise

Sobald sich der Mitarbeiter mit der Aufgabe identifiziert hat und diese neue Herausforderung übernehmen will, geht es um die ausführliche Darstellung der Details und die gemeinsame Definition der nächsten Schritte.

Leitfaden: Delegationsgespräch

- Holen Sie sich das Commitment für die Erledigung der Aufgabe ein.
- Besprechen Sie mit dem Mitarbeiter alle notwendigen Details. Geben Sie ihm alle Informationen und Unterlagen, die er braucht.
- Legen Sie die Erfolgskriterien genau fest (Menge, Qualität etc.)
- Berücksichtigen Sie notwendige Kompetenzen, die dem Mitarbeiter im Rahmen der Delegationsaufgabe eingeräumt werden müssen.
- Vereinbaren Sie „Meldepflicht" bei auftretenden Problemen (z. B. zeitliche Verzögerung der Fertigstellung, externe Widerstände, fehlendes Know-How).
- Bieten Sie Ihre Unterstützung an. Definieren Sie die Form der Unterstützung genau, um Rückdelegation zu vermeiden.

4. Gesprächsabschluss

Wie auch bei anderen Mitarbeitergesprächen werden alle Inhalte und getroffenen Vereinbarungen noch einmal zusammengefasst. Bei langfristig angelegten Delegationsaufgaben ist es empfehlenswert, die Gesprächsergebnisse schriftlich zu fixieren.

- Stellen Sie sicher, dass beide Seiten das gleiche Verständnis von der Aufgabe haben.
- Definieren Sie notwendige Milestones und Kontrollschleifen.
- Finden Sie einen positiven Gesprächsabschluss (Verstärkung, Motivation).

Insbesondere bei der Delegation neuer Aufgabenfelder ist es sinnvoll, während des Gespräches nicht nur das Ziel festzulegen, sondern über mögliche Wege zum Ziel zu sprechen. Der Mitarbeiter kennt somit die Richtung und erlangt Sicherheit in seinem Tun.

Nach dem Gespräch

Jetzt ist ein Balance-Akt gefragt: Inwieweit gibt man dem Mitarbeiter einen Vertrauensvorschuss und überlässt ihm die Steuerung der Aufgabe? Wann sollte man „ab und zu hinschauen“, um mögliche Fehlentwicklung rechtzeitig vermeiden zu können?
Um diese Balance zu halten, ist es notwendig, die Kontrollschleifen bereits im Delegationsgespräch genau abzustecken und im nachhinein auch einzuhalten. Reflektieren Sie im Anschluss an den Gesprächsverlauf:

- Wie hat der Mitarbeiter die Aufgabe aufgenommen (positiv euphorisch, zurückhaltend und abwartend oder sogar ablehnend)? Welche Gründe gibt es dafür?
- Konnte der Nutzen für den Mitarbeiter klar herausgestellt werden? Ist der Gesamtzusammenhang deutlich geworden?
- Inwieweit wurde der Delegationsauftrag klar definiert? Wurden alle notwendigen Details berücksichtigt?

Feedback geben

> Ein Freund kehrte von einer Reise heim und begab sich zu Joseph von Ägypten. Joseph frage ihn: „Was hast du mir für ein Geschenk mitgebracht?“ Der Freund antwortete: „Was könnte ich dir für ein Geschenk bringen, das du nicht schon hast oder das du gar nicht brauchst? Da es nichts Schöneres gibt als dich, habe ich dir einen Spiegel mitgebracht, damit du jeden Augenblick dein Gesicht betrachten kannst.“
>
> Djalal od-Din Rumi (persischer Dichter)

Jeder Mensch braucht von Zeit zu Zeit einen Spiegel, der ihm hilft, sich selbst zu erkennen. Feedback ist die Basis für Lernen und Weiterentwicklung eines jeden. Es ermöglicht:

- gegenseitige Erwartungen an Verhalten und Leistung abzuklären und damit ein besseres Verständnis füreinander zu bekommen,
- eigene Wirkungsweisen auf andere in den verschiedensten Situation zu reflektieren,
- Selbst- und Fremdwahrnehmung systematisch abzugleichen,
- Bestätigung zu erfahren und Selbstvertrauen zu gewinnen bzw. zu stärken,
- Missverständnisse zu vermeiden.

Durch Feedback werden positive Verhaltensweisen gefördert und negative korrigiert.

> Feedback ist die offene Rückmeldung an eine Person, wie sie auf andere wirkt. Feedback beschreibt, wie Verhalten von anderen wahrgenommen wird, nicht jedoch, wie eine Person tatsächlich ist.

Regelmäßige Rückmeldungen sind wichtig

Wenn wir in diesem Kapitel über das Feedbackgespräch sprechen, ist das Beurteilen der Leistung bzw. des Verhaltens des Mitarbeiters durch die Führungskraft auf einer day-to-day-Basis gemeint. Ausführlichere Formen des Feedbacks finden sich in den zuvor dargestellten regelmäßigen Mitarbeitergesprächen, wie Leistungsbeurteilung und Potenzialeinschätzung wieder.

Das situative Feedback ist für die unmittelbare Verhaltenssteuerung unentbehrlich. Entweder werden durch Anerkennung positive Verhaltensweisen verstärkt oder negative Verhaltensweisen durch Kritik korrigiert.
Folgender Nutzen des Feedbackgespräches lässt sich für den Mitarbeiter ableiten: Der Mitarbeiter

- schärft die Selbstwahrnehmung, um sich zielorientierter und situationsspezifischer zu verhalten,
- weiß aufgrund der klaren Standortbestimmung, wohin er sich entwickeln kann bzw. findet Bestätigung der eigenen Stärken,
- erhält konkrete Hinweise in Bezug auf Optimierungsmöglichkeiten.

Insbesondere wenn die Führungsaufgabe als systematisches Coaching von Mitarbeitern verstanden wird, spielt Feedback eine zentrale Rolle. Wichtig hierbei ist, dass der Führungskraft die Anforderungen an die Tätigkeit des Mitarbeiters und die damit verbundenen zielführenden Verhaltensweisen bekannt sind.

Die Wirksamkeit und vor allem Nachhaltigkeit von Feedback ist nur dann gewährleistet, wenn eine Vertrauensbasis zwischen Führungskraft und Mitarbeiter existiert. Gleichzeitig sollten bestimmte Feedbackregeln beachtet werden:

Die wichtigsten Feedbackregeln

- Formulieren Sie die Inhalte einfach und verständlich, d. h. auf die Sprache des Feedbacknehmers abgestimmt. Das „Verstehen" ist Grundvoraussetzung für die Wirksamkeit des Feedbacks überhaupt.
- Adressieren Sie das Feedback zeitnah zur beobachteten Situation. Seien Sie dabei so offen und direkt wie möglich – ohne angreifend zu wirken.
- Beschreiben Sie das beobachtete Verhalten und werten Sie nicht, d.h. beschreiben Sie, was auf Sie wie gewirkt hat, nicht, was der andere Ihres Erachtens für Absichten hatte.
- Seien Sie so spezifisch und konkret, wie es geht. Verwenden Sie keine Pauschalisierungen oder allgemeine Floskeln.
- Verbinden Sie Ihre Rückmeldungen immer mit Tipps und gegebenenfalls Hilfestellungen für den Feedbacknehmer.

Menschen neigen dazu, Verhaltensweisen, die an einer anderen Person wahrgenommen werden, zu interpretieren und zu bewerten. Oft werden Rückschlüsse auf Motive des Verhaltens und Charaktereigenschaften vorgenommen. Beim Feedback gilt es, auf der Ebene der Beobachtungen zu bleiben, um möglichen Projektionen und falschen Interpretationen vorzubeugen. Das Einhalten dieser Feedbackregel „Beschreiben, nicht bewerten" bietet einen entscheidenden Vorteil: Der Empfänger des Feedbacks kann auch kritische Rückmeldungen akzeptieren, da er sich in seiner persönlichen Integrität nicht verletzt fühlt. Diese wiederum ist Grundvoraussetzung für eine Verhaltensänderung.

Feedback ist dann am wirksamsten, wenn es gelingt, Verhalten und Ergebnisse in ihrer Verknüpfung darzulegen. Der Mitarbeiter als Feedbacknehmer sollte verstehen, welches seiner Verhaltensweisen zu den dargestellten Resultaten geführt hat und welche Verhaltensänderungen – sofern dies ein Kritikgespräch ist – von ihm zukünftig erwartet bzw. gewünscht werden. Die Akzeptanz des Feedbacks wird dann erhöht, wenn es möglichst zeitnah zum fraglichen Verhalten geführt wird. Nur so ist das geschilderte Ereignis noch präsent und kann im Gespräch rekapituliert werden. Ein Feedback zu einem Verhalten oder Ereignis, welches schon sehr lange zurückliegt ist hingegen schwer nachvollziehbar.

Die Führungskraft sollte in der Lage sein, ihre Rückmeldung auf konstruktive Weise vorzubringen und zu verstehen, leistungsrelevantes Verhalten des Mitarbeiters zu fördern, anstatt Demotivation und ein Gefühl der Hilflosigkeit hervorzurufen. Vor diesem Hintergrund ist es wichtig, im Feedbackgespräch eine positive Gesprächsatmosphäre herzustellen und für die Umsetzung der gewünschten Verhaltensänderungen Unterstützung anzubieten. In jedem Feedbackgespräch, in dem Fehlverhalten widergespiegelt wird (insbesondere wenn der Mitarbeiter als äußerst sensibel und emotional reagierend eingeschätzt werden kann), besteht die Gefahr, dass der Mitarbeiter entweder eine Verteidigungs- und Rechtfertigungsposition einnimmt oder völlig resigniert und demotiviert die Gesprächssituation verlässt. In solchen Fällen kommt es dann auf jedes Wort und dessen Konnotation an. Hilfreich ist, sich einerseits über grundsätzliche Kommunikationsmechanismen im Klaren zu sein, andererseits die Feedbackinhalte in Ich-Botschaften zu formulieren. Hierzu folgendes Beispiel:

- Wahrgenommenes Verhalten (Sehen, Erleben, Erfahren) beschreiben: *„Sie kommen ohne jegliche Voranmeldung und ohne Anzuklopfen in mein Büro, ohne sich darüber Gedanken zu machen, was ich gerade tue."*
- Eigene Gefühle, Empfindungen und Fragen beschreiben: *„Ich habe das Gefühl, dass Sie meine konzentrierte Arbeitszeit nicht respektieren und ich als Ihr Vorgesetzter nicht ernst genommen werde."*

- Konsequenzen für die praktische Arbeit beschreiben: „Ich werde dadurch in meiner Konzentration gestört. Das bedeutet für mich eine Verzögerung von Arbeits- und Entscheidungsprozessen. Ich werde mir störungsfreie Zeiten einrichten und wünsche mir, dass Sie diese in Zukunft respektieren."

Damit Feedbackgespräche nicht in gegenseitigen Anschuldigungen enden, vermeiden Sie unbedingt, pauschale Werturteile zu fällen (*„Sie sind ein Chaot. Sie sind undiszipliniert und desorganisiert."*), Vorwürfe zu machen (*„Sie verhindern, dass ich effektiv und produktiv arbeiten kann."*) oder Unterstellungen vorzunehmen (*„Es ist Ihnen anscheinend völlig egal, dass Sie mich in wichtigen Arbeitsprozessen unterbrechen."*).

In den folgenden Kapiteln gehen wir auf zwei Arten von anlassabhängigen Gesprächen ein: auf Anerkennung und Kritik. In vielen Unternehmen pflegt man leider fast nur Kritikgespräche. Doch Anerkennung und Kritik gehören zusammen, das eine wirkt nicht ohne das andere! Empfängt jemand nur Lob und Wertschätzung, wird er mittel- bis langfristig in seiner persönlichen Entwicklung stagnieren. Zudem bewirkt Anerkennung ohne Kritik Skepsis („nobody is perfect")! Kritik ohne Anerkennung hingegen demotiviert. Auf lange Sicht kann sich ein Arbeitsklima entwickeln, indem der Mitarbeiter Angst hat, Fehler zu machen. Wenn doch Fehler passieren, gibt er sie nicht zu. Die Konsequenz einer ausgeprägten Angstkultur ist, dass neue Herausforderungen von Mitarbeitern eher vermieden und Leistungspotenziale nicht ausreichend genutzt werden.

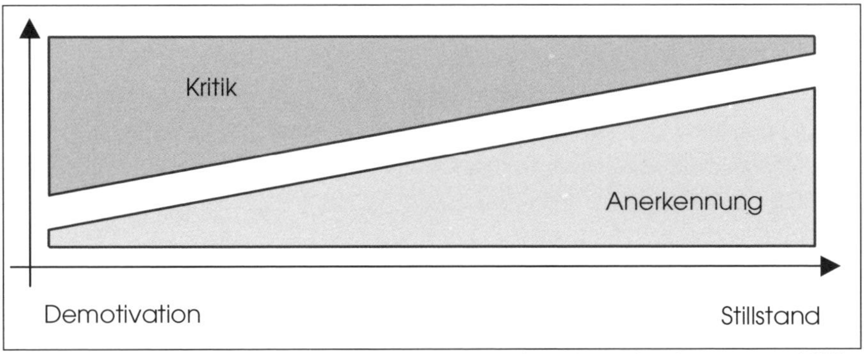

Abbildung: Anerkennung und Kritik

So drücken Sie Anerkennung aus

Anerkennung und Wertschätzung sind zentrale Motivationsfaktoren. Sie steigern die Zufriedenheit und Leistung der Mitarbeiter. Jeder Mensch hört gern ein anerkennendes Wort und möchte seine Leistung bestätigt wissen. Lob ist eines der effizientesten Führungsinstrumente, es braucht in der Regel nicht viel Zeit und muss nicht sorgfältig vorbereitet werden, aber es ist außerordentlich wirkungsvoll. Leider wird es in der betrieblichen Praxis von Führungskräften oft vergessen. Gute Leistungen der Mitarbeiter werden gern als selbstverständlich hingenommen, während Fehler sofort kritisiert werden. Erhalten Mitarbeiter kein Lob, beginnen sie zu resignieren und reduzieren ihren Leistungsanspruch, ganz noch dem Motto: „Warum sich überhaupt anstrengen – es wird ja eh nicht bemerkt oder honoriert." Mitarbeiter erwarten, dass Ihre Leistung anerkannt und gewürdigt wird. Wichtig ist natürlich, dass das Lob ehrlich gemeint ist.

> Lob und Anerkennung stärken das Selbstwertgefühl des Mitarbeiters und erhöhen seine Leistungsfähigkeit, seine Zufriedenheit und Motivation.

Obwohl Anerkennung recht einfach auszusprechen ist, sollten doch einige Punkte beachtet werden:

Regeln für das Anerkennungsgespräch

- Lob sollte immer auf den Anlass bezogen sein (keine allgemeingültigen Floskeln verwenden).
- Es sollte zeitnah zum Ereignis erfolgen.
- Die Anerkennung muss realistisch formuliert werden, so dass sie authentisch wirkt und nicht geheuchelt scheint.
- Die erbrachte Leistung sollte nicht mit Leistungen anderer Kollegen/Mitarbeiter verglichen werden.
- Anerkennung steigert die Leistung, zuviel Anerkennung jedoch nicht. Häufiges und floskelhaftes Lob ist wertlos.
- Grundlose und unverdiente Anerkennung führt zu Misstrauen und Demotivation.
- Lob sollte kein Mittel zum Zweck sein. Der Mitarbeiter spürt sofort, ob Lob manipulativ oder ehrlich gemeint ist.

Die sieben Stufen der Anerkennung

Lob und Anerkennung können auf verschiedene Arten zum Ausdruck gebracht werden. Der Grad der Anerkennung hängt vom Ausmaß der Leistung ab.

1. Kurzes Lob („Prima“)

Diese Form des Lobs entsteht aus der Situation heraus. Der Mitarbeiter hat eine gute Leistung erbracht und die Führungskraft reagiert zeitnah darauf mit Äußerungen wie „Klasse gemacht!“, „Super!“, „Weiter so!“. Es genügen einige wenige Worte, um den Mitarbeiter stark zu motivieren. Die Praxis zeigt, dass diese Form des Lobs viel zu selten ausgesprochen wird. Gute Leistungen werden offenbar als selbstverständlich betrachtet.

2. Ausdrückliche Anerkennung

Ausdrückliche Anerkennung ist die nächsthöhere Stufe des Lobens. Sie loben z. B. nach einem erfolgreichen Projektabschluss, der Umsetzung eines besonders guten Verbesserungsvorschlages oder nach konstant guten Leistungen über einen längeren Zeitraum hinweg. Ausdrückliche Anerkennung kann unter vier Augen im Rahmen eines Anerkennungsgespräches erfolgen, vor dem gesamten Team innerhalb eines Meetings oder vor der gesamten Belegschaft bei einer Betriebsversammlung.

3. Schriftliche Anerkennung

Für die schriftliche Anerkennung sollten ähnliche Anlässe, wie unter Punkt zwei beschrieben, gegeben sein. Etwas Schriftliches hat bleibenden Wert und damit einen noch verbindlicheren Charakter. Stellen Sie sich einen Mitarbeiter vor, wie er voller Stolz ein anerkennendes Schriftstück mit nach Hause nimmt, um es seiner Familie oder seinen Freunden zu zeigen. Auch im Rahmen der schriftlichen Anerkennung gibt es verschiedene Varianten: Zwischenzeugnis bzw. –beurteilung, Dankesschreiben vom direkten Vorgesetzten usw. Das Schriftstück sollte entweder an die Privatadresse des Mitarbeiters geschickt oder in einem persönlichen Gespräch übergeben werden.

4. Hinweis auf Leitung „nach oben"

Eine weitere Stufe der Anerkennung ist die Präsentation der außerordentlichen Leistungen auf der nächsthöheren Hierarchieebene. Der Mitarbeiter wird zu einem Vier-Augen-Gespräch eingeladen mit dem nächsthöheren Vorgesetzten. Es kann sinnvoll sein, dass an diesem Gespräch die direkte Führungskraft des Mitarbeiters teilnimmt, insbesondere dann, wenn zukünftige Karrierewünsche und -perspektiven erläutert werden.

5. Attraktivere Aufgaben

Das Übertragen attraktiverer Aufgaben stellt nicht nur eine Form der Anerkennung dar, sondern ist gleichzeitig auch Bindungsinstrument. Mitarbeiter, die über einen längere Zeitperiode sehr gute Leistungen erbracht haben, fühlen sich schnell unterfordert bzw. gelangweilt (der Erfolg ist nichts Neues mehr). Sie brauchen einen neuen „Kick", der sie zu Höchstleistungen anspornt. Mit der Erweiterung des bisherigen Aufgabenspektrums des Mitarbeiters werden neue Herausforderungen geschaffen. Es sollten Aufgaben sein, die innerhalb des Bereiches oder Unternehmens auch von anderen als äußerst attraktiv und erstrebenswert wahrgenommen werden bzw. die eine hohe Breitenwirkung haben und zur Positionierung des Mitarbeiters innerhalb des Bereiches oder Unternehmens beitragen.

6. Zu wichtigen Entscheidungen hinzuziehen

In dieser Stufe wird die Wertschätzung der Leistungen dadurch ausgedrückt, dass sich der Mitarbeiter an wichtigen Entscheidungsprozessen, die strategische Relevanz aufweisen, beteiligen darf.

7. Befördern

Die Beförderung stellt die letzte Stufe der Anerkennung dar. Beförderung ist in diesem Zusammenhang auf horizontaler Ebene (Know-how-Karriere) und vertikaler Ebene (Hierarchie-Karriere) zu betrachten. Wichtig ist hierbei, dass die Anforderungen an die neue Position mit den Fähigkeiten und Potenzialen des Mitarbeiters übereinstimmen, so dass keine Überforderung und darauf folgende Resignation und Demotivation eintritt. Zudem sollte die Beförderung im Vorfeld mit den Vorstellungen und Zielen des Mitarbeiters hinsichtlich seiner eigenen Karriereplanung abgestimmt werden. Nicht jeder Mitarbeiter möchte – insbesondere, wenn er einen hohen fachlichen Anspruch an seine Tätigkeit stellt - Führungsverantwortung übernehmen (wo ein höheres Maß an Sozialkompetenz gefordert wird).

Wie Sie Kritik formulieren

Kritikgespräche sind die Basis für einen konstruktiven Umgang mit Fehlern und Fehlverhalten. Die Chance, die Kritikgespräche bieten, wird in der betrieblichen Praxis jedoch oft nicht erkannt. Viele Führungskräfte scheuen sich aus einem übertriebenen Harmoniebedürfnis, fehlendem Selbstbewusstsein oder mangelnder Konfliktbereitschaft heraus, fehlerhaftes Verhalten des Mitarbeiters anzusprechen. Andere Führungskräfte wiederum interpretieren das Wort „konstruktiv“ auf eine Weise, die zu cholerischen Anfällen und häufigen Schuldzuweisungen führt. Die Folgen: Fehler werden vertuscht, fehlerhafte Verhaltensweisen schleichen sich ein und Mitarbeiter stagnieren in ihrer Entwicklung.

Nachfolgend sind noch einmal die häufigsten Probleme beim Führen von Kritikgesprächen und mögliche Konsequenzen genannt:

Ursachen für die Vermeidung von Konfliktgesprächen	Konsequenzen
■ Harmoniesucht. ■ Thema erscheint peinlich. ■ Mitleid mit dem Mitarbeiter. ■ Angst vor emotionalen Reaktionen. ■ Angst, nicht mehr gemocht zu werden. ■ Nicht verletzen wollen.	■ Das Gespräch wird auf die lange Bank geschoben. ■ Das Gespräch wird zu weich/hart geführt. ■ Das Gespräch führt zu Wortklauberei. ■ Dem Mitarbeiter wird der Ernst der Lage nicht klar. ■ Dem Mitarbeiter wird nicht klar, was zu ändern ist. ■ Das Gespräch bleibt ohne Konsequenzen.

Inwieweit Führungskräfte Fehler als Lernchance oder als zu verhinderndes Übel betrachten, ist letztendlich auch eine Frage der Unternehmenskultur. In jedem Fall ist Kritikvermeidung bzw. destruktive Kritik verantwortungslos. Dem Mitarbeiter wird nicht nur die Chance genommen, fehlerhaftes Verhalten zu korrigieren, sondern auch die Möglichkeit, an Fehlern zu wachsen und sich weiterzuentwickeln.

Kritikgespräche zielen auf ein verändertes Verhalten des Mitarbeiters ab. Sie sind notwendig, wenn sich Fehler häufen oder wiederholen und wenn Fehler schwerwiegend sind.

Kritik tut immer weh

Kritik zu hören nagt am Selbstwertgefühl. Keiner ist gerne bereit, über seine Fehler und Schwachstellen aufgeklärt zu werden. Die Gründe hierfür sind recht vielfältig:

- Scham über Fehler;
- Scham, „erwischt“ worden zu sein;
- Scham, nicht so gut wie die nicht Kritisierten zu sein;
- Angst vor „Gesichtsverlust“;
- Angst, unbeliebt zu sein;
- Angst, es auch in Zukunft nicht besser zu können („Versagensangst“);
- Wut auf sich selbst;
- Wut auf den Kritisierenden.

Aus diesen Gründen wird in Kritikgesprächen allzu oft mit Rechtfertigung des Verhaltens und Verteidigung reagiert. Wenn Mitarbeiter mit Kritik konfrontiert werden, verlangen sie klare und eindeutige Beweise, suchen nach anderen Schuldigen, machen äußere Rahmenbedingungen dafür verantwortlich oder fühlen sich insgesamt ungerecht behandelt. Nachfolgend sind mögliche Reaktionen bei Kritikgesprächen aufgeführt:

Mögliche Reaktionen	**Beispiele**
Rechtfertigung	*„Das wusste ich nicht ...“* *„Das habe ich gemacht, weil ...“*
Gegenangriffe	*„Sie haben doch selbst ...“*
Lob erbitten	*„Aber xy habe ich doch gut gemacht.“*
Übertreibungen	*„Schon Hundert Mal habe ich Ihnen gesagt ...“*
Beleidigungen	*„Sie sind eine Niete.“*
Anklagen	*„Sie haben das falsch gemacht!“*
Verallgemeinerungen	*„Nie tun Sie ...“* *„Immer machen Sie ...“*

Mögliche Reaktionen	**Beispiele**
Klein machen	*Weinen*
Schuld weiterschieben	*„Ich war das nicht."*
Etikettierungen	*„Das ist typisch für Sie."*
Interpretationen	*„Das machen Sie doch nur, weil ..."*
Andeutungen	*„Das passiert Ihnen ja auch nicht zum ersten Mal."*
Alte Geschichten	*„Sie haben letztes Jahr auch schon ..."*
Ironie	*„Das haben Sie ja wieder großartig hingekriegt."*
Sarkasmus	*„Wenn das so weitergeht, können wir Ihre Kooperationsbereitschaft abschreiben."*
Drohungen	*„Wenn Sie nicht ..., dann ..."*
Referenzen	*„XY hat auch gesagt, dass Sie ..."*
Kalt stellen	*„Ja, ist gut."* *„Das ist mir egal."* Zynisches Grinsen

Kritik darf nicht vernichten

Kritik muss offen, konkret (= nachvollziehbar) und konstruktiv (= vom Standpunkt der Hilfe, nicht vom Standpunkt der Bekämpfung aus) vorgetragen werden. Das Fehlverhalten muss von der Führungskraft zeitnah angesprochen werden und für den Mitarbeiter klar nachvollziehbar sein. Im Gespräch sollten gemeinsam Lösungen für das Problem erarbeitet und entsprechende Folgemaßnahmen (Unterstützung seitens der Führungskraft, Kontrollschleifen) abgeleitet werden. Beachten Sie bei Kritikgesprächen grundsätzlich folgende Regeln:

Regeln für das Kritikgespräch

- Geben Sie Gerüchten keine Chance. Sammeln Sie Fakten!
- Adressieren Sie die Kritik immer direkt an die betroffene Person, niemals an Dritte! Führen Sie das Kritikgespräch unter vier Augen!
- Finden Sie einen positiven Gesprächseinstieg. Beginnen Sie das Gespräch nicht mit emotionalen Angriffen!
- Benennen Sie das Fehlverhalten sachlich, klar und unverschleiert!
- Kritisieren Sie niemals Dinge, die nicht veränderbar sind (z. B. Persönlichkeitseigenschaften)!
- Kritisieren Sie nur Verhaltensweisen, die im direkten Zusammenhang mit der Arbeit stehen!
- Erfragen Sie den Standpunkt bzw. die Sichtweise des Mitarbeiters! Hören Sie aktiv zu!
- Ziehen Sie keine Vergleiche zu anderen Kollegen und Mitarbeitern! Kommen Sie nicht auf Fehlverhalten oder „Schuld" anderer zu sprechen!
- Beziehen Sie klar Stellung zu Ihren Erwartungen an das zukünftige Verhalten des Mitarbeiters! Lassen Sie sich nicht auf theoretischen Grundsatzdiskussionen über „richtig/falsch" ein!
- Weisen Sie auf Ihre nächsten Schritte hin (Kontrolle der Verhaltensänderung) und beenden Sie das Gespräch positiv!

Gesprächsvorbereitung

Kritikgespräche verlangen eine gründliche Vorbereitung, um möglichen Reaktionen des Mitarbeiters angemessen entgegnen zu können. Wichtig ist, sich in die emotionale Lage des Mitarbeiters hineinzuversetzen. Hat der Mitarbeiter den Fehler bereits selbst erkannt? Empfindet der Mitarbeiter Scham oder Ärger über sich selbst? Wie reagiert er generell auf Kritik? Fühlt sich der Mitarbeiter sehr schnell angegriffen?

Zudem sollte sich die Führungskraft vor dem Gespräch den Anlass der Kritik genau vor Augen führen. Aufgrund unvollständiger Informationen kann es zu unberechtigter Kritik kommen. Folgende Fragen sollten im Vorfeld geklärt werden:

- Welche Hauptzielsetzung wird mit dem Kritikgespräch verfolgt?
- Was genau ist wann passiert?
- Welches Verhalten des Mitarbeiters hat zu dieser Situation geführt? Welchen Anteil hat der Mitarbeiter an der Situation insgesamt?
- Gibt es weitere Faktoren, die zu dieser Situation geführt haben (unvollständige Informationen, vernachlässigte Führung, Fehlverhalten anderer etc.)
- Gab es ähnliche Vorfälle in der Vergangenheit? Wenn ja, welche Gründe wurden damals eruiert und welche Maßnahmen wurden ergriffen?

Gesprächsablauf

Es gibt keinen idealtypischen Ablauf eines Kritikgespräches, durch den negative Reaktionen verhindert werden können. Wie das Gespräch verläuft und ausgeht, ist immer vom Inhalt der Kritik und der Relevanz für den Tätigkeitsbereich des Mitarbeiters, vom Verhältnis zwischen Führungskraft und Mitarbeiter generell sowie von den Persönlichkeiten der Gesprächspartner abhängig.

Wichtig ist, dass die Führungskraft dem Mitarbeiter unmissverständlich zu verstehen gibt, welche Verhaltensänderungen erwartet werden. Ziel des Kritikgespräches ist es, mögliche Gründe für das Fehlverhalten aufzudecken, Lösungsansätze gemeinsam zu diskutieren und sich dann auf das weitere Vorgehen zu einigen.

Übung: Formulierung von Kritik

Formulieren Sie für die nachfolgenden Kritikpunkte die Kritik in unterschiedlichen Varianten:

- Verharmlosend, entschuldigend (… das ist an sich nur eine kleine Sache …)
- Im Vorfeld rechtfertigend (… Sie haben das sicher nicht so gemeint …)
- Konfrontativ, Du-Botschaft (… Sie haben schon wieder …)
- Klar, eindeutig, dennoch höflich

Themen:

… andauerndes Zu-spät-Kommen

… schlechte Kleidung beim Kundentermin

… Unhöflichkeit gegenüber Kollegen anderer Abteilungen

… Alkohol am Arbeitsplatz

… Verzögerung eines Termins

… Rechtschreibfehler in einer Vorlage

… Patzigkeit am Telefon

… wiederholtes Ignorieren einer Anordnung

Günstig ist es, wenn Sie diese Übung mit einem Kollegen oder einer Kollegin durchführen und diese die Instruktion hat, ganz „natürlich" auf die Kritik zu reagieren. Reflektieren Sie sich darüber hinaus selbst: Welche Form der Kritik ist Ihnen eher geläufig? Womit fühlen Sie sich eher wohl?

Leitfaden: Kritikgespräch

1. Positiver Gesprächseinstieg

Mit einem positiven Gesprächseinstieg wird eine Atmosphäre geschaffen, die es dem Mitarbeiter erlaubt, sich zu öffnen und Kritik anzunehmen.

- Gehen Sie niemals in ein Gespräch, wenn Sie selbst noch emotional erregt sind!
- Suchen Sie nicht krampfhaft nach einem positiven Einstieg (das würde aufgesetzt und nicht ehrlich wirken)!
- Machen Sie dem Mitarbeiter deutlich, dass Sie nicht seine gesamte Person oder Leistung infrage stellen, sondern nur ein bestimmtes, auf eine konkrete Situation bezogenes Verhalten kritisiert wird!

2. Fehlverhalten wertfrei nennen

Beschreiben Sie den konkreten Sachverhalt, um den es im Gespräch geht, möglichst exakt und ohne Wertung. Machen Sie dabei deutlich, dass es sich um Ihre eigene Wahrnehmung handelt. Beschreiben Sie weiterhin, welche Auswirkungen der Sachverhalt auf das Arbeitsergebnis oder auf andere Personen hat. Dadurch geben Sie dem Mitarbeiter die Möglichkeit, sich in die Sachlage hineinzuversetzen und mögliche Konsequenzen nachzuvollziehen.

- Nennen Sie die Dinge klar und deutlich beim Namen. Der Mitarbeiter soll merken, dass es Ihnen ernst ist!
- Sprechen Sie den Mitarbeiter auf der emotionalen Ebene an. Verbergen Sie Ihre Gefühle nicht (Ich-Botschaften)!
- Fragen Sie nach, ob der Mitarbeiter die Sachlage bzw. Ihre Gefühle nachvollziehen kann!
- Bleiben Sie beim Thema! Lassen Sie sich nicht vom Mitarbeiter ablenken!

Leitfaden: Kritikgespräch

3. Stellungnahme des Mitarbeiters

Geben Sie nun dem Mitarbeiter die Möglichkeit, sich zum Sachverhalt zu äußern. Voraussetzung für eine gemeinsame Problemlösung ist, dass beide Seiten ihre Sichtweise schildern.

- Fragen Sie nach Gründen für das Fehlverhalten!
- Hören Sie geduldig zu!
- Bringen Sie Verständnis für die Situation des Mitarbeiters auf! (Aber Vorsicht: Lassen Sie sich nicht auf vorgeschobene Rechtfertigungen ein!)
- Versuchen Sie nicht, private Probleme des Mitarbeiters zu Ihren Problemen zu machen bzw. diese lösen zu wollen!

4. Gemeinsame Lösungsfindung

Nur wenn die Sichtweisen ausgetauscht und alle Informationen berücksichtigt wurden, können Sie das Problem wirksam angehen. Ermutigen Sie den Mitarbeiter, selber Lösungen vorzuschlagen. Damit schaffen Sie Akzeptanz und Verbindlichkeit. Falls der Mitarbeiter keine Ideen zur Lösungsfindung beisteuern will oder kann, formulieren Sie klar und deutlich, was Sie in Zukunft von dem Mitarbeiter erwarten.

- Überlegen Sie gemeinsam, was zu tun ist, um die Fehler in Zukunft zu vermeiden!
- Machen Sie nicht zu viele Vorgaben. Eine Selbstverpflichtung Ihres Mitarbeiters ist motivierender als äußerer Zwang!
- Prüfen Sie, inwieweit Sie Unterstützung bei der Umsetzung der Vereinbarungen leisten können!
- Verlangen Sie nichts Unmögliches! Vereinbaren Sie lieber kleine Schritte!
- Halten Sie die getroffenen Vereinbarungen schriftlich fest!
- Kündigen Sie Kontrollen des zukünftigen Verhaltens an!

Leitfaden: Kritikgespräch
5. Positiver Gesprächsabschluss In dieser Gesprächsphase sollten Sie die Gesprächsergebnisse zusammenfassen und Ihre Erwartungen nochmals deutlich zum Ausdruck bringen. Erläutern Sie zudem, welchen Nutzen, Vorteil oder Erfolg der Mitarbeiter hat, wenn das vereinbarte Ergebnis erreicht wird. Je deutlicher es Ihnen gelingt, diesen Nutzen herauszuarbeiten, desto motivierter wird der Mitarbeiter sein, sein Verhalten zu ändern. ■ Machen Sie dem Mitarbeiter deutlich, welche Vorteile eine Verhaltensänderung bzw. die Umsetzung der erarbeiteten Ergebnisse hat! ■ Bedanken Sie sich für das konstruktive Gespräch (sofern es so verlaufen ist)! ■ Vereinbaren Sie einen Termin für ein Folgegespräch!

Gesprächsnachbereitung

Um nachhaltig Verhaltensänderungen herbeizuführen und den Erfolg zu kontrollieren, sollte das zweite Gespräch nach ca. vier Wochen geführt werden. In diesem Gespräch klären Sie, inwieweit Probleme in Angriff genommen und Vereinbarungen umgesetzt wurden.

Die sieben Stufen der Kritik

Genau wie beim Anerkennungsgespräch lassen sich beim Kritikgespräch verschiedene Eskalationsstufen definieren. Je weniger ein Mitarbeiter zu Verhaltensänderungen bereit ist, desto stärkere Sanktionen hat er zu erwarten. Eine Führungskraft sollte sich nicht scheuen, die aufgelisteten Eskalationsstufen anzuwenden, wenn es nötig ist. Um dem Führungsauftrag der Steuerung gerecht zu werden, müssen Führungskräfte bei anhaltenden Leistungsabweichungen entsprechende Maßnahmen einleiten (Konsequenz in der Führung).

1. Kritikgespräch

Hiermit ist das erste Gespräch mit dem Mitarbeiter aufgrund beobachteten Fehlverhaltens gemeint (siehe Führen von Kritikgesprächen).

2. An Ziele/Vereinbarungen erinnern

Wie erwähnt sollte sich die Führungskraft nach dem ersten Kritikgespräch ca. vier Wochen später wieder mit dem Mitarbeiter zusammensetzen. Es erfolgt ein Soll-Ist-Abgleich hinsichtlich der Umsetzung der im ersten Gespräch getroffenen Vereinbarungen. Weiterhin werden Ursachen eruiert, warum es wieder zu den gleichen Fehlern gekommen ist.

- Waren die Ziele im letzten Gespräch eindeutig formuliert?
- Haben sich äußere Rahmenbedingungen geändert?
- War die Unterstützung der Führungskraft angemessen?

3. Korrekturgespräch und schriftliche Vereinbarungen

Bei anhaltenden kleineren Verfehlungen wird ein weiteres, so genanntes Korrekturgespräch mit dem Mitarbeiter geführt. Bisherige Vereinbarungen werden erneut rekapituliert. Neue Vereinbarungen werden in einem entsprechenden Formular schriftlich festgehalten und von beiden Seiten unterschrieben.

- Welche Bemühungen wurden seit dem letzten Gespräch vom Mitarbeiter unternommen, um eine Optimierung zu erreichen?
- Was hindert den Mitarbeiter daran, die Vereinbarungen umzusetzen?
- Gibt es tiefer liegende Gründe für das Fehlverhalten, die bisher noch nicht thematisiert wurden?

4. Disziplinargespräch und 1. Abmahnung

Anlass für dieses Kritikgespräch ist entweder eine schwere Verfehlung des Mitarbeiters oder seine bisher anhaltende Änderungsresistenz trotz bereits mehrerer geführter Gespräche und offerierter Unterstützung. Wichtig hierbei ist, dass dem Mitarbeiter der Ernst der Lage bewusst gemacht wird. Es steht dem Mitarbeiter frei, ein Betriebsratsmitglied zu dem Gespräch hinzuzuziehen. Die Führungskraft sollte sich vor diesem Gespräch mit ihrem nächsthöheren Vorgesetzten abstimmen.

- Lassen Sie als Führungskraft keinen Zweifel daran: Die Entscheidung ist gefallen und kann nicht mehr revidiert werden.
- Machen Sie die Konsequenzen deutlich, wenn der Mitarbeiter in Zukunft sein Verhalten nicht nachhaltig ändert.
- Überlegen Sie, was unternommen werden kann, damit es nicht noch einmal zu einer solchen Situation kommt.

5. Aufgabenveränderung

Vor der zweiten Abmahnung kann dieser Zwischenschritt eingeleitet werden. Eine Aufgabenänderung kann aus zwei Gründen initiiert werden:

1. Der Mitarbeiter ist mit seiner Aufgabe überfordert. Er will sich ändern, kann es aber nicht (mangelnde Fähigkeiten und Kompetenzen).

2. Das Risiko für einen Schaden aufgrund weiterer Verfehlungen ist zu hoch. Der Mitarbeiter sollte einen anderen Aufgabenbereich übertragen bekommen, bei dem die Konsequenzen seiner Arbeit abgeschätzt und Risiken insgesamt minimal gehalten werden.

6. Schriftliche Abmahnung, 6-Augen-Gespräch

Dieses Gespräch ist wegen möglicher rechtlicher Konsequenzen von besonderer Tragweite. Es erfordert eine sehr gründliche Vorbereitung und Recherche des vorliegenden Sachverhalts einschließlich eindeutiger Beweise. Die Führungskraft sollte wiederum Rücksprache mit dem nächsthöheren Vorgesetzten halten und die Personalabteilung mit einbinden (mit Blick auf arbeitsrechtliche Folgen). Dieses Gespräch sollte mindestens unter sechs Augen geführt werden zur eigenen Absicherung durch Zeugen. Empfehlenswert ist die Anwesenheit eines Mitarbeiters der Personalabteilung.

7. Kündigung

Die Kündigung ist die letzte Eskalationsstufe im Rahmen des Kritikgesprächs. Gründe hierfür können sein:

- mangelnde Arbeitsleistung trotz mehrmaliger Ermahnung;
- die Aufgabenänderungen/Versetzung hat nicht den gewünschten Erfolg gebracht;
- die Arbeitsleistung hinkt den Zielen trotz aktiver Fördermaßnahmen nach.

Der Betriebsrat sollte unbedingt beteiligt werden. Im Gespräch selber werden alle bisherigen Fakten aufgezählt und die Kündigung mit klarer Begründung ausgesprochen.

- Lassen Sie keine weitere Rechtfertigung des Mitarbeiters zu.
- Klären Sie alle Formalitäten (Austrittstermin, Dienstzeugnisse, Referenzen).
- Erörtern Sie die nächsten Schritte und Ihre Erwartungen an den Mitarbeiter bis zum Austrittstermin.

Die Reihenfolge dieser Eskalationsstufen muss nicht in jedem Fall so konsequent eingehalten werden. Es gibt durchaus Situationen, wo die Kündigung direkt ausgesprochen wird (z. B. aufgrund strafrechtlich zu verfolgender Aktivitäten) oder auf eine erfolglos gebliebene Abmahnung folgt. Dem Mitarbeiter sollte die Gelegenheit gegeben werden, seine Sichtweise darzustellen. Gleichzeitig sollte man sich nicht in endlosen Diskussionen oder Rechtfertigungen verstricken, sondern klar und deutlich die Konsequenzen aufzeigen.

Übung: „Kritikgespräch I"

Diese Übung können Sie mit einem Kollegen oder einer Kollegin gemeinsam durchführen. Versuchen Sie die Kommunikationsregeln aus dem Kapitel „Die effektivsten Gesprächstechniken" und die in diesem Kapitel genannten Hinweise umzusetzen.

Stellen Sie sich bitte folgende Situation vor:

Sie waren mit einem Ihrer Mitarbeiter zu einem externen Termin (Informationsveranstaltung für Kunden).

- Seine äußere Erscheinung ließ zu wünschen übrig:
  zerzauste Haare
  schlecht gebundene Krawatte
  ungeputzte Schuhe und
  offene Schnürsenkel am linken Schuh.
- Gegenüber den Teilnehmern benahm er/ sie sich z. T. unhöflich:
  wies Kritik rundweg zurück
  beschuldigte die Gesprächspartner, an allen Problemen selbst Schuld zu sein.

Ihre Aufgabe als Vorgesetzter ist es nun, mit diesem Mitarbeiter/dieser Mitarbeiterin ein Kritikgespräch zu führen.

Übung: „Kritikgespräch II“

In dieser Übung können Sie üben, in der Rolle einer Führungskraft ein Kritikgespräch zu führen. Ein Kollege oder eine Kollegin kann den „Counterpart“ darstellen.

Instruktion:

Die Zielsetzung der Übung besteht darin, gegenüber einem Mitarbeiter genauso motivierend wie ergebnisorientiert aus Ihrer Sicht bestehende Probleme zu lösen. Bitte versetzen Sie sich nun in folgende Situation.

Ihre Position:

Sie sind Herr Müller, seit einem Monat Filialleiter des Autohauses Späth und haben die besten Referenzen.

Hintergrundinformation:

Der Sitz Ihrer Firma liegt in einer kleinen Stadt. Vor kurzem hat sich im Ort ein hochmodernes Autohaus – die Firma OstCar GmbH – angesiedelt, die Ihnen Konkurrenz macht und Ihre Mitarbeiter mit attraktiven Angeboten abwirbt, so dass die Geschäftsleitung bereits nervös reagiert, wenn es zu Fluktuationen kommt.

Aktuelle Situation:

Kurz vor 16.00 Uhr gehen Sie noch einmal durch die einzelnen Abteilungen. Dort müssen Sie feststellen, dass Herr Becker, einer Ihrer besten Mitarbeiter, neun Kollegen, darunter auch zwei Kollegen aus einer anderen Filiale, zu einem Glas Sekt eingeladen hat, obwohl Alkoholgenuss in der Firma streng verboten ist. Vor allem wegen der Mitarbeiter aus der anderen Filiale, deren Leiter Ihnen persönlich wenig gewogen ist, befürchten Sie, dass die Feier sich herumsprechen wird. Am nächsten Tag bestellen Sie Herrn Becker zu sich in Ihr Büro.

Bitte bereiten Sie sich in den nächsten 15 Minuten auf das Gespräch vor.

Was tun bei sehr schwierigen Kritikgesprächen?

Kritikgespräche laufen in den meisten Fällen nicht idealtypisch ab. Entweder es gelingt der Führungskraft nicht, das Fehlverhalten klar und eindeutig zu benennen (die Führungskraft windet sich aus Angst vor der Zerstörung eines harmonischen Arbeitsklimas) oder der Mitarbeiter zeigt sich äußerst uneinsichtig und rutscht in eine Verteidigungsposition ab. Besonders im letzteren Fall drohen Gespräche zu eskalieren. Vor diesem Hintergrund möchten wir Ihnen abschließend folgende Hinweise mit auf den Weg geben:

- Versuchen Sie ein Gespräch in ruhige Bahnen zu lenken!
- Wirken Sie dabei kompetent, ohne eigene Machtbefugnisse zu demonstrieren!
- Wenn ein Gespräch zu eskalieren droht, legen Sie eine Pause ein!
- Wenn Killerphrasen das Gespräch „zu töten“ drohen, machen Sie den Gesprächspartner darauf aufmerksam und lenken Sie das Gespräch in konstruktive Bahnen zurück!
- Unterbinden Sie Versuche des Mitarbeiters, das Gespräch auf bestimmte Bahnen zu lenken. Das Problem soll von verschiedenen Seiten beleuchtet werden!
- Emotionale Ausbrüche mit Fassung zu tragen ist nicht immer einfach. Finden Sie die Ursache! Wenn Sie die Quelle kennen, können Sie besser mit einem emotionalen Ausbruch umgehen!

Konflikte professionell moderieren

Sabine Müller ist ratlos. Nun hat sie gerade eine eigene Vertriebsregion übernehmen dürfen und nun muss sie sich mit einem Kollegen herumärgern, der ihr die neue Aufgabe nicht gönnt. Vertriebskollege Markus Breitner wartet nur darauf, dass sie Fehler macht. Neulich saß er mit einem anderen Kollegen in der Firmenkantine - Sabine Müller hatte nur wenige Meter entfernt Platz genommen -, da hörte sie ihn laut sagen: „Bei uns im Vertrieb macht man am besten Karriere, wenn man eine Frau ist.“

Sobald Sabine Müller ihren Kollegen Markus Breitner um einen Rat fragt, fällt eine gemeine Bemerkung. Als sie am Quartalsende außerordentlich gute Zahlen für ihre Vertriebsregion vorlegen kann, platzt Markus Breitner mit der Bemerkung heraus: „Ich sag's ja, eine Frau müsste man sein.“

Sabine Müller hält es nicht mehr aus. Sie vereinbart einen Termin mit ihrem Chef Ulrich Linz. „Ich glaube, es war keine gute Idee, mir eine eigene Vertriebsregion zu geben“, sagt sie entnervt. „Aber warum denn?“, erwidert Ulrich Linz, „Sie haben doch tolle Zahlen vorzuweisen!“ „Das ist es ja, ein Kollege gönnt mir das nicht“, erklärt Sabine Müller, „Markus Breitner gibt mir ständig zu verstehen, dass mir die Aufgabe eigentlich nicht zusteht.“

Ulrich Linz kommt ins Grübeln. „Jetzt verstehe ich. Herr Breitner war kürzlich bei mir. Er schien mir nicht sehr zufrieden zu sein in seiner jetzigen Position. Kein Wunder, dass er Ihnen gegenüber so unfreundlich ist. Wissen Sie was? Ich werde ihm natürlich nicht sagen, dass Sie bei mir waren. Ich überlege, was ich ihm Interessantes anbieten kann. Dann wird sich die Situation sicher entschärfen. Und sollte er Sie als Frau weiter angreifen, sagen Sie mir bitte sofort Bescheid. Dann müssen wir drei uns mal zusammensetzen ...“

Führungskräfte haben häufig mit Konflikten zu tun. Entweder moderieren sie einen Konflikt zwischen Mitarbeitern oder sie sind selbst in einen Konflikt involviert. In beiden Fällen versucht man die Probleme in einem Konfliktgespräch zu lösen. Warum sind Konflikte am Arbeitsplatz eigentlich so hinderlich? Was macht sie so gefährlich? Hier sind folgende Gründe zu nennen:

Konflikte stören

Sie unterbrechen den Handlungsablauf und führen dazu, dass Menschen sich nicht mehr auf ihre Aufgaben konzentrieren können.

Konflikte sind gefühlsbeladen

Sie führen zu Angespanntheit, Gereiztheit, Angst. Das rationale Denken wird abgeschaltet, vernünftiges Vorgehen wird unmöglich.

Konflikte eskalieren

Die Intensität des Konfliktes wächst stetig, der Kreis der einbezogenen Personen vergrößert sich, die Auseinandersetzungen nehmen an Intensität zu.

Konflikte erzeugen Lösungsdruck

Konflikte müssen bewältigt werden, damit sich Menschen voll und ganz ihren Aufgaben widmen können. Es ist, als ob der innere „Druck" steigt und zu einer vollkommenen Ablenkung und Handlungslähmung führt.

Man sollte nicht vorschnell den Begriff „Konflikt" verwenden. Wirkliche Konflikte erkennt man an der Handlungslähmung, der Eskalation und der persönlichen Involviertheit. Im schlimmsten Fall sind ganze Abteilungen wie gelähmt. Die gute Nachricht ist: Konflikte lassen sich vermeiden. Für Führungskräfte kommt es im Sinne eines produktiven Abteilungs- oder Gruppenklimas darauf an, Konflikte zwischen Mitarbeitern möglichst zu vermeiden bzw. auf deren Lösung hinzuarbeiten. Konflikte hinzunehmen ist inakzeptabel. Umfangreiche Studien zeigen sehr deutlich die wirtschaftlichen Folgen von demotivierten und unproduktiven Mitarbeitern und Mitarbeiterinnen. Führungskräfte sollten Konflikte also zügig angehen:

In Herrn Bachmanns Abteilung pflegten zwei Mitarbeiter einen Dauerstreit. Er hatte ein Gespräch anberaumt, um gemeinsam mit den Mitarbeitern die Sache zu bereinigen. Er begann das Gespräch ganz offen, befragte die Mitarbeiter nach den Problemen, versuchte sie einzubeziehen und für eine Lösung zu öffnen.

Nicht immer gelingt es einer Führungskraft gleich, dem Konflikt auf den Grund zu gehen:

Seltsamerweise war in dem Gespräch keinerlei Konflikt dingfest zu machen. Sicher, die Mitarbeiter „mochten" sich nicht. – wie sie auch zugaben. Aber so dramatisch wie Herr Bachmann es schilderte, sei die Lage nun wirklich nicht: „Wir sind ja schließlich zivilisierte Menschen, Herr Bachmann!"

Herr Bachmann biss offensichtlich bei seinen Mitarbeitern auf Granit. Die Mitarbeiter leugneten den Konflikt zwar nicht, machten aber deutlich, dass Herr Bachmann „mal nicht so übertreiben solle". Für Herrn Bachmann war dies überraschend, denn er hatte das Gefühl, dass die Mitarbeiter eigentlich auch eine Lösung für den Konflikt wollten.

Um zu verstehen, welche Ursache das Verhalten der beiden Mitarbeiter haben kann, müssen wir uns näher mit Konflikten beschäftigen. Es gibt nämlich so genannte heiße und kalte Konflikte.

Handelt es sich um einen heißen oder kalten Konflikt?

Wir müssen zwischen heißen und kalten Konflikten unterscheiden. Heiße Konflikte zeichnen sich durch folgende Charakteristika aus:

- Sie werden offensiv und öffentlich ausgetragen. Die Beteiligten sind derart von ihrer Sache überzeugt, dass sie versuchen, die Gegenseite in offenen Auseinandersetzungen zu überzeugen.
- Eigene Motive werden mit zunehmender Konfliktintensität immer weniger hinterfragt.
- Es besteht dennoch der Wille, sich aktiv mit der anderen Seite auseinander zu setzen, sich direkt zu konfrontieren und dem offenen Konflikt nicht aus dem Weg zu gehen.

Ein heißer Konflikt ist deutlich zu erkennen, die Parteien gehen aufeinander los, werden emotional, z. T. auch irrational. Auch für Außenstehende ist der Konflikt deutlich. Für eine Konfliktlösung ist ein derartiger Konflikt eher günstig, denn er kann aktiv angegangen werden. Schwieriger wird es, wenn ein so genannter kalter Konflikt vorliegt. Kalte Konflikte zeichnen sich durch folgende Charakteristika aus:

- Sie sind durch ein destruktives Vorgehen gekennzeichnet. Die Konfliktparteien sind frustriert und desillusioniert.
- Ziel ist es, die Gegenpartei nachhaltig zu schädigen und zu blockieren.
- Direkte Angriffe werden vermieden, d. h. nicht die direkte Konfrontation, sondern die Sabotage herrscht vor.
- Es existiert eine tiefe Aversion gegenüber den anderen.

Ein kalter Konflikt ist nicht leicht zu erkennen, zumindest nicht an einer offen ausgetragenen und lautstarken Fehde. Das macht ihn der Konfliktlösung auch weniger zugänglich. Im Extremfall leugnen beide Konfliktparteien, dass sie überhaupt einen Konflikt haben. Auch wenn eine Führungskraft den Konflikt erkennt, ist eine Lösung schwierig. Ein offenes, partnerschaftliches Gespräch ist hier oft nicht zweckdienlich. Ein solcher Konflikt besteht offensichtlich auch bei den Mitarbeitern von Herrn Bachmann. Die Mitarbeiter sind einer Konfliktlösung wie sie Herr Bachmann vorschlägt, nicht offen gegenüber. Der Konflikt hat sich in dieser „kalten" Form institutionalisiert und gehört zum Alltag mit dazu. Herr Bachmann ist hier in nur eine Art Unruhefaktor. Wie Herr Bachmann an einen solchen Konflikt herangehen könnte, zeigen wir später im Text.

So lösen Sie Meinungsverschiedenheiten auf

Konflikte lösen heißt, die „trennende Spannung" aufzuheben. Diese Spannung kann sachlich begründet sein, sie kann auch persönlich begründet sein. Für die Führungskraft bedeutet dies in jedem Fall, ein gemeinsames Vorgehen zu vereinbaren, was den Interessen beider Konfliktparteien gerecht wird. Die Konfliktlösung liegt also in einer „Vereinbarung" – insofern analog zu einer Verhandlung. Der Begriff

Vereinbarung sollte an dieser Stelle nicht zu eng gefasst werden. Die Vereinbarung wird sich nicht nur auf gemeinsame Vorgehensweisen beziehen. Auch gemeinsame Sichtweisen sind damit gemeint. Noch einmal prägnanter ausgedrückt: Die Lösung ist dann erreicht, wenn zwischen den Parteien Konsens hinsichtlich der Sicht oder der Vorgehensweise erreicht ist. Darüber hinaus lässt sich ein Konflikt entscheiden (die Führungskraft sagt, was zu passieren hat) oder regeln (der Konflikt besteht weiterhin, die Konfliktparteien arrangieren sich aber mit dem Konflikt). Die letzten beiden Fälle sind im beruflichen Umfeld nicht immer zu vermeiden. Den größten Erfolg verspricht aber der Konsens, d. h. die tatsächliche Lösung des Konfliktes.

Es gibt Mechanismen, die einer Konfliktlösung prinzipiell im Wege stehen. Diese Mechanismen haben weniger mit Kommunikation, sondern mit der Wahrnehmung zu tun, mit der Art, wie Konflikte das Bild von der Gegenpartei verändern bzw. verzerren.

Warum ist eine Konfliktlösung oft so schwierig?

Meist ist es nicht so einfach, die streitenden Parteien zu einer Lösung zu führen. Woran liegt das? Hier die häufigsten Ursachen:

Schwarz-Weiß-Denken

In Konflikten neigen Parteien zu einer sehr extremen Beurteilung, zu einer verzerrten Wahrnehmung. Es gibt nur noch Schwarz oder Weiß, die Grautöne werden herausgefiltert. Und da aufgrund dieser sehr verengten Sicht die Schlechtigkeit der anderen Partei feststeht (anderes wird nicht mehr gesehen), ist ein rein destruktives Verhalten also legitim! Aufgabe in einem Konfliktgespräch ist es also, die „Grautöne“ im Dialog wieder hervorzuholen.

Projektion

Eigene Schwächen und eigene Anteile am Konflikt werden ausgeblendet. Stattdessen lastet man sie der anderen Partei an („Der hat doch angefangen, der hat doch sabotiert, nicht ich!). Mit heftigen Reaktionen soll das dadurch entstehende, schlechte Gefühl kompensiert werden. Das Konfliktgespräch muss nun also dazu dienen, den Blick wieder auf die Verantwortung beider Parteien zu lenken.

Ausweitung des Schlachtfeldes

Themen, die ursprünglich mit dem Konflikt nichts zu tun hatten, werden einbezogen. Die Wahrnehmung und Beurteilung des ursprünglichen Sachverhaltes (d. h. der tatsächliche Konfliktgrund) tritt in den Hintergrund. Ein Konfliktmoderator sollte also versuchen, den Konfliktgegenstand wieder zu fokussieren, einzugrenzen.

Rückzug

Eine weitere Folge ist ein reduziertes Einfühlungsvermögen und eine erhöhte Verwundbarkeit. Die Konfliktparteien begeben sich in eine Art innere Isolation. Personen, die andere Ansichten vertreten, werden nicht gehört.

Ein Außenstehender gewinnt in einem klassischen Konflikt den Eindruck, dass die Konfliktparteien irrational vorgehen, eine völlig weltferne Wahrnehmung von der Sachlage haben. Sofern ein Konflikt so weit eskaliert ist, dass bei den Konfliktparteien bereits derartige „Verzerrungen" zu beobachten sind, bedarf es zumeist einer heftigen Intervention von außen, um den Kreislauf zu durchbrechen. Im ungünstigen Fall wird die Intervention nicht als Hilfe wahrgenommen, sondern als Bedrohung. Es kann sogar soweit kommen, dass die eigentlichen Konfliktparteien eine Art „taktische Allianz" formen und sich gegen den Störenfried zusammenschließen. Diese Effekte gilt es im Dialog auszuräumen, was geduldiges Argumentieren und Fragen erfordert.

Die nachfolgenden Ausführungen zielen auf eine Gesprächsstruktur, die eine Lösung oder zumindest eine Regelung ermöglichen soll. Wird der Konflikt dennoch „entschieden" (was manchmal notwendig ist), ist es wichtig, dass dies zumindest in einem angemessenen Ton bzw. Rahmen erfolgt. Es ist übrigens davon abzuraten, drastische Entscheidungen mit Härte zu verkünden.

Wenn Sie selbst am Konflikt beteiligt sind

Sofern die Führungskraft selbst in den Konflikt involviert ist, ist sie nicht mehr unparteiisch, nicht mehr neutral. Je nach persönlicher Betroffenheit wird die Konfliktmoderation schwierig oder leicht. Die Führungskraft hätte natürlich die Möglichkeit, hinsichtlich inhaltlicher Aspekte autoritär zu entscheiden. Unter den Begriff Konfliktbewältigung fällt ein solches Verhalten allerdings nicht (s. o.). Das bedeutet: Auch in diesem Fall hat die Führungskraft das Gespräch zu suchen.

Konfliktvermeidung ist an dieser Stelle höchst unprofessionell. Im Gegenteil: Sorgen Sie dafür, dass es recht schnell zu einem Gespräch kommt. Das übergeordnete Ziel dieses Gespräches ist natürlich die Konfliktlösung. Teilziele bestehen darin, die Sichtweise des Mitarbeiters kennen zu lernen und ihm die eigene darzulegen. Es handelt sich also um eine klassische Reflexionsphase. Darauf aufbauend werden Lösungen erarbeitet bzw. ein zukünftiges Miteinander verabredet. Eine gute Vorbereitung auf das Gespräch kann hier natürlich sehr nützlich sein. Die Vorbereitung seitens der Führungskraft sollte folgende Punkte umfassen:

- Sammlung von Hypothesen zu möglichen Konfliktursachen auf seiten des Mitarbeiters (d. h. die Führungskraft versetzt sich in die Lage des Mitarbeiters);
- realistische Einschätzung der eigenen Involviertheit, der „wahren" Konfliktursachen und der einer Lösung entgegenstehenden Aspekte;
- Sammlung positiver Aspekte: Rückmeldungen, Lob, Anerkennung, was geeignet ist, das Selbstwertgefühl des Mitarbeiters zu steigern und so den Konflikt zu entschärfen;
- Ausloten potenzieller Lösungsmöglichkeiten;
- darauf aufbauend: Entwerfen einer Gesprächsstruktur incl. Ziele.

Führen Sie Konfliktgespräche nie „aus dem Bauch heraus" und ohne Vorbereitung. Die eigene Involviertheit, die eigene Emotionalität bilden ein großes Gefahrenpotenzial, das durch ein strukturiertes und selbstreflektiertes Vorgehen und eine gute Vorbereitung zumindest entschärft wird. Auch ein Gesprächsleitfaden kann an dieser Stelle gute Dienste leisten.

Gesprächsaufbau und Durchführung

Wie sollte die Führungskraft ein Konfliktgespräch aufbauen? Eine grobe Dramaturgie sieht wie folgt aus:

1. Einleitung, positives Klima schaffen:
Dank aussprechen für das Kommen. Es sollte eine recht formale Einleitung gewählt werden.

2. Themenklärung, Klarheit schaffen
Das Konfliktthema wird kurz umrissen, die Zielsetzungen werden dargelegt bzw. erfragt und festgehalten.

3. Bearbeitungsphase
Zunächst stellt der Mitarbeiter oder die Mitarbeiterin ihre Sicht der Dinge dar. Der Vorgesetzte unterstützt die Schilderungen durch zielgerichtete, offene Fragen. Im Anschluss stellt der Vorgesetzte seine Sicht der Dinge dar. Hier verwendet er vornehmlich Ich-Botschaften. Darauf aufbauend werden erste Themenfelder untergliedert und Lösungen erörtert. Die Themenbearbeitung gleicht einem normalen, inhaltlich motivierten Vorgehen, wie es sonst auch üblich ist. Besondere Kommunikationstechniken sind an dieser Stelle nicht vonnöten.

4. Abschluss, Verbindlichkeit
Sofern ein gemeinsames Vorgehen resultiert, wird dies verbindlich abgesprochen und festgehalten.

Die Dramaturgie entspricht im Grunde den Ausführungen im Kapitel „So bauen Sie Gespräche auf". Nach einer Einleitung folgt eine Phase, in der Klarheit hinsichtlich der Themen – hier, der Konfliktthemen – geschaffen wird. Einen großen Teil nimmt die Bearbeitung der Themen ein – im genannten Kapitel 'Argumentationsphase' genannt. Es folgt eine Gesprächssequenz, in der Verbindlichkeit geschaffen wird (wie sie am Ende fast jedes Gespräches stehen sollte). Die einzelnen Sequenzen behandeln wir im Folgenden etwas detaillierter:

Einleitung, positives Klima schaffen

Aufgrund des spannungsgeladenen Anlasses ist es besser, auf einen Smalltalk zu verzichten. Stattdessen sollte eine sehr formale Einleitung gewählt werden. Bedanken Sie sich bei dem Mitarbeiter dafür, dass er sich an der Konfliktlösung beteiligt.

„Vielen Dank Herr Koch, dass sie gekommen sind. Ich möchte mich auch jetzt schon bedanken für Ihre Bereitschaft, gemeinsam die Differenzen auszuräumen. Mir ist es sehr wichtig, dass wir heute eine für uns beide tragbare Lösung finden."

Äußerst ungünstig ist es, den Mitarbeiter mit Vorwürfen zu konfrontieren, ihm die Schuld für den Konflikt zu geben oder den Anschein zu erwecken, dass die „Last" der Konfliktlösung allein bei ihm liegt:

„Vielen Dank Herr Koch, dass Sie sich herbemüht haben. Ich weiß, dass Sie selbst ein solches Gespräch skeptisch betrachten, aber ich denke, ich kann auch von Ihnen eine gewisse Bereitschaft zur Mitarbeit verlangen. Denn Sie haben ja einen nicht unerheblichen Anteil an den Differenzen."

Mag sein, dass der Mitarbeiter einen „nicht unerheblichen" Anteil an den Differenzen hat. Trotzdem sollte die Einleitung so neutral wie möglich formuliert werden. Die Führungskraft hat die schwierige Aufgabe, trotz eigener Involviertheit das Gespräch „moderieren" zu müssen. Sie befindet sich damit in einer Doppelrolle: einerseits ist sie Moderator, andererseits Konfliktbeteiligter.

Themen klären, Klarheit schaffen

Auch in der zweiten Phase des Gesprächs sollte die Führungskraft ihre Neutralität wahren. Es geht nun um Klarheit hinsichtlich des Konfliktthemas, um Klarheit hinsichtlich der Zielsetzung der Führungskraft und um die Zielsetzung des Mitarbeiters. Zu Beginn steht eine möglichst neutrale Beschreibung des Konfliktgegenstandes und eine Frage des Perspektivabgleiches:

„Herr Koch, wir sprachen am Mittwoch über die zukünftige Aufbauorganisation Ihres Bereiches. Dabei gerieten wir heftig aneinander und tauschten – von beiden Seiten sehr emotional – Argumente für das Für und Wider der diskutierten

Lösungen aus. Wir sind zu keiner Einigung gekommen. Ich war im Anschluss an das Gespräch sehr ärgerlich über den Verlauf. Wie ging es Ihnen?"

Die Führungskraft nutzt in diesem Beispiel die einfache Technik der Ich-Botschaft, gekoppelt mit einer offenen Frage, um einen Austausch über den Konfliktgegenstand zu initiieren. Der Vorteil von Ich-Botschaften liegt im Fehlen des typischen „Vorwurfs". Aus dem Bauch heraus würde man hier sicher anders formulieren:

„Herr Koch, wir sprachen am Mittwoch über die zukünftige Aufbauorganisation Ihres Bereiches. Dabei gerieten Sie heftig mit mir aneinander und wurden sehr emotional. Sie sind zu keiner Einigung mit mir gekommen. Ich war im Anschluss an das Gespräch sehr ärgerlich über den Verlauf und vor allem über Sie! Was fällt Ihnen denn ein, so…"

Eine solche Gesprächssequenz wird sofort Widerstand hervorrufen, denn die Verantwortung für den Verlauf des Gespräches wird eindeutig dem Mitarbeiter zugeschoben (Du-Botschaften). Gesprächstechnisch ist dieses Vorgehen natürlich ungünstig. Für diese Phase sind daher Ich-Botschaften, gekoppelt mit offenen Fragen das Mittel der Wahl. Ähnlich sollte die Klärung der Zielsetzung vonstatten gehen:

„Ich möchte in diesem Gespräch gern Lösungen mit Ihnen erörtern. Es mag sein, dass wir heute noch zu keiner Lösung kommen, dann können wir unser Gespräch vertagen. Was stellen Sie sich für dieses Gespräch vor, Herr Koch? Was sind Ihre Ziele?"

Das Gesprächsziel muss nicht immer „Lösung" bedeuten. Manchmal ist es auch schon ausreichend, eine Abkühlung der Gemüter anzustreben, was dann zu Beginn des Gespräches auch so kommuniziert werden kann. Wichtig ist, dass Konsens hinsichtlich der Ziele zum Ende dieser Phase besteht, sonst kann es unschöne Überraschungen geben:

Führungskraft:„… ich freue mich, dass wir das so festhalten können."

Mitarbeiter Herr Koch: „Ich bin doch sehr enttäuscht, ich habe eigentlich gehofft, dass Sie mir im Laufe des Gespräches etwas mehr zu Ihren Beweggründen sagen, meine Abteilung zu zerschlagen – auch wenn ich die Entscheidung sachlich akzeptieren muss."

Es lässt sich in einem Konfliktgespräch nie ausschließen, dass im Laufe des Gespräches bisher unausgesprochene Dinge auf den Tisch kommen. Das ist sicher auch der Charakter von Konfliktgesprächen. Eine intensive und einfühlsame Fragephase kann solche Aspekte zumindest im Vorfeld versuchen zu berücksichtigen.

Themen bearbeiten

In der dritten Phase werden die Themen bearbeitet bzw. besprochen. Zwei kommunikative Grundregeln lauten hier:

- Offene Fragen stellen und sich in die Perspektive des anderen hineinfühlen „wollen";
- Ich-Botschaften verwenden.

Trotz (oder gerade wegen) eigener Involviertheit sollten diese Regeln beherzigt werden. Diese dritte Phase beginnt in aller Regel mit der an den Mitarbeiter gerichtete Bitte, das Konfliktthema zunächst aus seiner Sicht darzustellen. Der Vorgesetzte vertieft das Thema durch offene Fragen nach:

- einer etwaigen Vorgeschichte des Konfliktes;
- aktuellen Konsequenzen, Auswirkungen;
- nach dem persönlichen Umgang mit dem Konflikt (emotionale Auswirkungen);
- Lösungsmöglichkeiten.

Dieser Teil wird strukturiert durch die offenen Fragen der Führungskraft. Dienlich können hier auch die Fragentypen sein, die im Kapitel „Das erfolgreiche Einstellungsgespräch" in ganzer Breite behandelt werden. Die Gestaltung der Phase richtet sich allerdings sehr stark nach dem tatsächlichen Konfliktgegenstand und nach der Frage, ob es sich um eher „persönliche" oder „sachliche" Konflikte handelt. Wichtig ist es dennoch für die Führungskraft, einen Einblick in die Sicht des Gegenübers zu bekommen. Ein wichtiges kommunikatives Mittel ist hier auch das „aktive Zuhören" und Spiegeln:

„Sie sind der Auffassung, dass die Änderung der Abteilungsstruktur zu einer massiven Demotivation der Kollegen und Kolleginnen führen würde?"

„… verstehe ich Sie richtig, dass meine Äußerung für Sie überraschend kam?“

„… Sie bringen zum Ausdruck, dass mein Beharren auf dieser Lösung Ihre Autorität als Abteilungsleiter angreift. Sehe ich das richtig?“

An die ausführliche, durch Fragen seitens des Vorgesetzten geleitete Darstellung aus der Sicht des Mitarbeiters schließt sich die Darstellung des Konfliktgegenstandes aus Sicht der Führungskraft an. Diese Phase soll dem Mitarbeiter eine Perspektivenübernahme ermöglichen (ähnlich der Perspektivenübernahme, die der Vorgesetzte durch die intensiven, offenen Fragen an den Mitarbeiter gerichtet bei sich selbst herbeiführt). Die Darstellung sollte neutral, in Form von Ich-Botschaften und sachlichen Schilderungen erfolgen.

Nach der ausführlichen Darstellung des Konfliktthemas aus Sicht beider Parteien kann erst jetzt über Lösungen gesprochen werden (sofern dies schon ein vereinbartes Gesprächsziel ist). Hier kann sich die Führungskraft zur Lösungsfindung fragen:

- was gemeinsame Interessen sind;
- was das eigentlich „Trennende“ ist;
- wer an einer Lösungsfindung noch beteiligt werden könnte.

Lösungen werden im Dialog entwickelt und in der letzten Phase (im Idealfall) festgehalten. Hier stehen kommunikative Techniken wie Argumentation und Einwandbehandlung im Vordergrund. Letztlich muss die Führungskraft überzeugen.

Verbindlichkeit schaffen

Sofern es zu einem Konsens gekommen ist, ist das Gespräch erfolgreich. Aber auch, wenn es zu keiner endgültigen Lösung gekommen ist, sollte seitens der Führungskraft betont werden, dass sie das Gespräch und auch das noch unvollkommene Ergebnis als wichtig ansieht:

„Herr Koch, es ist schön, dass wir heute darüber sprechen konnten. Leider haben wir noch keine befriedigende Lösung gefunden, was wir aber ganz sicher noch werden. Der Gedankenaustausch war an dieser Stelle schon sehr wichtig und hat uns einen ganzen Schritt nach vorn gebracht. Ich möchte Ihnen hierfür

danken. Wir sollten jetzt noch unser gemeinsames Vorgehen abstimmen. Was halten Sie davon, wenn …“

Verbindlichkeit – gern auch in Form eines Protokolls – sollte auf jeden Fall am Ende eines solchen Gespräches stehen. Lösungen sollten fixiert und mit Zeitplänen hinterlegt werden (sofern es sich nicht auf Vereinbarungen z. B. hinsichtlich des persönlichen Umgangs bezieht).

Wenn Sie die Konflikte anderer schlichten müssen

Falls Sie als Führungskraft einen Konflikt zwischen Mitarbeitern schlichten sollen, beachten Sie folgende Regeln:

Machen Sie das Aufrechterhalten von Konflikten unattraktiv

Dies ist sicher die wichtigste Regel im Zusammenhang mit einer Konfliktlösung. Es ist erstaunlich, aber weder Mitarbeiter noch extern moderierte Gruppen befreien sich gern von einem Konflikt. Die Annahme, dass der Konflikt den „unangenehmen“ Zustand und der Friede den „angenehmen“ Zustand darstellt, ist falsch. Demnach würden Menschen von sich aus auf eine Konfliktlösung hinarbeiten – die Erfahrung lehrt jedoch ganz anderes. Oft werden Konflikte geradezu „kultiviert“. Führungskräfte sollten also versuchen, die Aufrechterhaltung des Konfliktes unattraktiver und die Beendigung des Konfliktes attraktiver zu gestalten. Sofern es sich um Mitarbeiter handelt, wäre folgendes Szenario denkbar:

Herr Bachmann bat Herrn Flaskamp und Frau Poll zu sich. Er eröffnete das Gespräch mit: „Frau Poll, Herr Flaskamp, ich möchte Ihnen zu Beginn Folgendes mitteilen. Sie beide sind Mitarbeiter, die ich sehr schätze. Trotzdem kann ich es nicht länger akzeptieren, dass Sie – ohne bereits jetzt einen von Ihnen explizit verantwortlich zu machen – das Abteilungsklima so belasten. Ich sage Ihnen ganz deutlich: wenn wir heute und in den folgenden Treffen nicht ein nachhaltige Wirkung erzielen, sehe ich mich gezwungen, einen von Ihnen beiden oder sogar Sie beide zu versetzen."

Eine derartige Drohung ist sicher nicht die eleganteste Art der Konfliktlösung. Betrachten Sie bitte diesen Dialog nur als illustrierendes Beispiel. Ganz sicher erfüllt eine solche Drohung aber den Zweck, die „subjektiven Kosten für die Aufrechterhaltung" des Konfliktes höher erscheinen zu lassen als die „subjektiven Kosten für die Beilegung" des Konfliktes. Im Bedarfsfall sollten sich Führungskräfte möglichst weniger drastische, aber ähnlich wirkungsvolle Methoden einfallen lassen. Von vornherein aussichtslos ist es, sich lediglich als neutralen Moderator anzudienen in der Hoffnung, allein dies würde den Konflikt lösen. Ein Moderator kann zwar Konfliktursachen herausarbeiten helfen und das Verständnis für die jeweilige Gegenpartei wecken. Der Erfolg ist aber einzig und allein davon abhängig, ob die Konfliktparteien sich dann auch aus dem Konflikt lösen „wollen" bzw. hier überhaupt Druck verspüren. Ist das nicht der Fall, ist der Moderator zwar nicht machtlos, aber dennoch in seiner Handlungsfähigkeit stark eingeschränkt.

Dies ist auch das grundlegende Problem bei der Moderation externer Konflikte (also bei Personengruppen, bei denen man keinen Zugriff hinsichtlich Regel Nr. 1 hat). Sofern man hier die subjektiven Kosten nicht in der Form erhöhen kann, wie es – etwas drastisch – in obigem Beispiel gezeigt wird, sollte ein Moderator ein anderweitiges Mandat haben, z. B. von den Vorgesetzten der Konfliktparteien. Hat er dies nicht, sind die Erfolgsaussichten deutlich geringer.

Legen Sie den Konflikt offen

Ein Konfliktmoderator muss es schaffen, die einzelnen Facetten des Konflikts im Verlauf der Moderation für alle Beteiligten sichtbar zu machen, sie herauszuarbeiten. Das gilt sowohl für die Sachprobleme als auch für die emotionalen Verstimmungen. Dies ist besonders wichtig in so genannten kalten Konflikten, die von den Parteien nicht offen ausgetragen und z. T. sogar geleugnet werden. Ein kalter Konflikt muss schonungslos durch Fakten belegt werden, sonst hat eine Führungskraft als Moderator nichts, an dem angesetzt werden kann. Hier sind für den

Moderator Fragetechniken das Mittel der Wahl (und Recherche im Vorfeld).

Herr Bachmann hatte sich für das Gespräch gut präpariert. Seine Sekretärin, Frau Wulf, hatte ihm einige Vorgänge zusammengestellt, die die Reibungsverluste (aufgrund des Konfliktes) innerhalb der Abteilung verdeutlichten: „Ich habe hier den Vorgang X und den Vorgang Y. Ich möchte Sie beide bitten, sich diese Unterlagen kurz anzuschauen. Welche Meinung haben Sie dazu?“

Und weiter: „Welchen Anteil spielt dabei das schlechte Verhältnis zu Frau Poll, Herr Flaskamp?“

„Wie hätten Sie diese Reaktion verhindern können, Frau Poll?“

„Welche Alternativen gäbe es zu Ihrem Verhalten?“

„Wie, denken Sie, sehen die anderen Mitarbeiter und Mitarbeiterinnen der Abteilung diese Probleme?“

Die Fragen, die zur Aufdeckung des Konfliktes dienen sollen, orientieren sich wiederum an den Modellen, die wir in den Kapiteln „Die wichtigsten Basics für gute Gespräche“ und „Die effektivsten Gesprächstechniken“ besprochen haben. Empfehlenswert sind offene, selbstreflektorische Fragen, die das Ziel haben, das Problem von möglichst vielen Seiten zu beleuchten. Bezogen auf die Kommunikationstechniken bedeutet Regel Nr. 2 vor allem, in zielstrebiger und hartnäckiger Weise offene Fragen zu stellen. Auf Wertungen und Stellungnahmen kann im Rahmen einer solchen Fragetechnik bis zu einem bestimmten Punkt völlig verzichtet werden.

Bleiben Sie neutral in den Inhalten, aber parteiisch im Prozess

Konfliktmoderation bedeutet nicht, den Konflikt lediglich als eine wenig Einfluss nehmende Randfigur zu begleiten. Konfliktmoderation bedeutet, aktiv zu steuern, einzugreifen, Gespräche auf eine Lösung hin auszurichten.

Herr Bachmann griff in die Diskussion ein: „Ich muss Sie an dieser Stelle unterbrechen! Entschuldigen Sie bitte, aber der Diskussionsverlauf ist jetzt in keiner Weise zielführend. Ich möchte Sie bitten, noch einmal auf die Lösungen zu sprechen zu kommen, die Sie gerade nannten."

Konfliktmoderation bedeutet häufig ein autoritäres Steuern und Eingreifen. Allerdings nur hinsichtlich des Prozesses und niemals hinsichtlich der Inhalte! Sofern die Konfliktparteien den Eindruck gewinnen, dass sich der Moderator inhaltlich einer Partei zuneigt, schwindet die Neutralität und damit die Möglichkeit, zu moderieren d. h. zu schlichten. Der Konfliktmoderator gibt lediglich die Spielregeln vor und setzt die Arbeitsmethodik durch. Inhaltliche Stellungnahmen kommen nur von den Konfliktparteien.

Leitfaden: Konfliktgespräch

Der Leitfaden eines Konfliktgespräches gleicht in wesentlichen Punkten der oben vorgestellten Struktur:

1. Einleitung

- Erklären Sie die Zusammenkunft und die Rolle des Moderators.
- Legen Sie die Spielregeln fest (u. a. Feedbackregeln, ausreden lassen, zuhören, keine Vorwürfe).

2. Themen klären, Klarheit schaffen

Ähnlich wie in einem individuellen Konfliktgespräch gilt es auch hier Klarheit zu schaffen hinsichtlich der Erwartungen. Auch der Konfliktgegenstand, also das tatsächliche Problem, sollte von beiden Seiten definiert werden.

- Der Moderator oder die Moderatorin fasst – im Einverständnis mit den Konfliktparteien – die Aussagen jeweils zusammen, z. B. in Form einer Visualisierung.

Leitfaden: Konfliktgespräch
3. Bearbeitungsphase In dieser Phase stellen die Konfliktparteien jeweils ihre Sicht der Probleme, der Abläufe, der Fakten dar. Durch offene Fragen steuern Sie die Darstellung beider Konfliktparteien gezielt. Es werden einzelne Themenfelder benannt, daraus bei Bedarf Teilthemen herauskristallisiert. ■ Sie legen eine Bearbeitungsreihenfolge fest. ■ Systematisch werden die Themen besprochen. ■ Darauf aufbauend loten Sie Schritt für Schritt Lösungen aus. ■ Der Moderator sorgt vor allem dafür, dass die Spielregeln (ausreden lassen, keine Beleidigungen, den Prozess nicht behindern usw.) eingehalten werden. Diese Phase ähnelt einer ganz klassischen, inhaltlich orientierten Moderation (Themen benennen, Themen zergliedern, Themen bearbeiten).
4. Abschluss, Verbindlichkeit ■ Danken Sie den Teilnehmern. ■ Halten Sie die Ergebnisse fest. ■ Besprechen Sie das weitere Vorgehen.

Sofern massive persönliche Konflikte im Vordergrund stehen und die Sachkonflikte nur eine untergeordnete Rolle spielen, wird die Moderatorenrolle für einen nicht professionell ausgebildeten Moderator schnell unübersichtlich. Das reine Moderieren im Sinne von Kommunizieren, Zusammenfassen, Darstellen reicht an dieser Stelle meist nicht mehr aus. Hier greifen professionelle Moderatoren zu Techniken, die aus der Gestalt- und Familientherapie entnommen wurden. Z. B. werden Konflikte in Form von Standbildern nachgestellt (die Beteiligten werden dem Konflikt gemäß im Raum gruppiert) oder es kommen

Techniken wie die „zweite Stimme“ zum Einsatz (der Moderator spricht wechselseitig für die Konfliktparteien und verhindert damit, dass diese sich gegenseitig ansprechen müssen). Hier sei allerdings auf die einschlägige Literatur verwiesen. Ohne ein gezieltes Training ist ein Moderator in solchen Fällen schnell überfordert.

Zusammenfassung

Konfliktmoderation heißt: Lösungen erarbeiten. Der Aufbau eines Konfliktgespräches orientiert sich grundsätzlich an einer klassischen Sachdiskussion: Themen abgrenzen, Themen zergliedern, Lösungen und Teillösungen finden, ein Vorgehen vereinbaren

Der Unterschied liegt in der Behandlung bzw. Beachtung der persönlichen Involviertheit bzw. der Emotionalität. Aus diesem Grund hat sich der Moderator besonders sorgfältig vorzubereiten und die Gesprächsführung sehr geschickt auszuüben.

- Heiße Konflikte ermöglichen eine offensive Art der Konfliktlösung.
- Kalte Konflikte erfordern ein sehr viel hartnäckigeres und konfrontativeres Vorgehen, da die Konfliktparteien den Konflikt zumeist leugnen oder bagatellisieren.
- Ist die Führungskraft selbst in den Konflikt involviert, übernimmt sie eine nicht ganz einfache Doppelrolle: einerseits moderierend, andererseits beteiligt.
  Hier ist eine hohe Professionalität gefragt.
- Ein effektives Mittel, einen Konflikt zu schlichten, besteht darin, ihn unattraktiv zu machen. Das geschieht beispielsweise durch Versetzung des Mitarbeiters oder Entzug von Aufgaben.
- Ist ein Moderator dazu nicht berechtigt (weil ihm die Machtbefugnis fehlt), kann er nur versuchen, durch Offenlegen des Konfliktes Leidensdruck zu erzeugen.

Stichwortverzeichnis

Anhang

Zielvereinbarungsgespräch

Mitarbeiterbeurteilung

Zielvereinbarung

Kienbaum Leitfaden zum Zielvereinbarungsgespräch

Name des Mitarbeiters/
der Mitarbeiterin: ____________________

Beurteilende Führungskraft: ____________________

Datum: ____________________

1. Gesprächsvorbereitung:

- Zeit ______________________________

- Ort ______________________________

- Information für den Gesprächspartner

  Was? ______________________________

- Wer ist mein Gesprächspartner?

  ____

- Wie stehe ich zu meinem Gesprächspartner?

  ____

- Welche Gesprächsschwerpunkte möchte ich setzen?

  ____

- Welche möglichen Ziele möchte ich vereinbaren?

  ____

2. Begrüßung:

- Sitzordnung und Atmosphäre
  (konfrontative Sitzordnung vermeiden, angenehme Atmosphäre erzeugen, ungestörter Ort, Telefone sind umgestellt, den Mitarbeiter beim Namen begrüßen, Einstieg mit einem Thema, dass den Mitarbeiter persönlich betrifft)

- Anlass und Ziele klären
  (Das Gespräch dient der Einbeziehung der Mitarbeiter in die gemeinsame Zielvereinbarung. Diese dient nicht der Mitarbeiter-Auswahl und wird nicht zur Begründung arbeitsrechtlicher Maßnahmen herangezogen.)

- Zeitdauer ansprechen

- Inhalte darstellen

- Vorgehensweise/Gliederung des Gesprächs vorschlagen

- Gewünschtes Ergebnis darstellen

3. Beurteilungsphase:

1. Schritt: Rückblick auf Ziele der vergangenen Periode

Ziele/Strategien	Es sollte erreicht werden, dass:
quantitative Ziele	

Ziele/Strategien	Es sollte erreicht werden, dass:
qualitative Ziele	

2. Schritt: Einschätzung der Zielerreichung der vergangenen Periode durch den Mitarbeiter

Welche Ziele haben Sie Ihrer Meinung nach erreicht?

Welche Ziel haben Sie Ihrer Meinung nach nicht erreicht? (Begründung)

Was war bezüglich der verschiedenen Zielstellungen förderlich?

Was war bezüglich der verschiedenen Zielstellungen hinderlich?

3. Schritt: Beurteilung der Zielerreichung der vergangenen Periode durch den Vorgesetzten

<table>
<tr><th>quantitative Ziele</th><th colspan="2"></th></tr>
<tr><td rowspan="2">Ziel 1:</td><td colspan="2">Messkriterien zur Zielerreichung:</td></tr>
<tr><td colspan="2">Beurteilung der Zielerreichung:
nicht oder nur gering erreicht ○ | teilweise erreicht ○ | weitgehend erreicht ○ | voll erreicht ○</td></tr>
<tr><td>Veränderungsnotwendigkeit:</td><td>Begründung:</td><td>Ursachen bei Problemen:</td></tr>
</table>

<table>
<tr><th>quantitative Ziele</th><th colspan="2"></th></tr>
<tr><td rowspan="2">Ziel 2:</td><td colspan="2">Messkriterien zur Zielerreichung:</td></tr>
<tr><td colspan="2">Beurteilung der Zielerreichung:
nicht oder nur gering erreicht ○ | teilweise erreicht ○ | weitgehend erreicht ○ | voll erreicht ○</td></tr>
<tr><td>Veränderungsnotwendigkeit:</td><td>Begründung:</td><td>Ursachen bei Problemen:</td></tr>
</table>

<table>
<tr><th>quantitative Ziele</th><th colspan="2"></th></tr>
<tr><td rowspan="2">Ziel 3:</td><td colspan="2">Messkriterien zur Zielerreichung:</td></tr>
<tr><td colspan="2">Beurteilung der Zielerreichung:
nicht oder nur gering erreicht ○ | teilweise erreicht ○ | weitgehend erreicht ○ | voll erreicht ○</td></tr>
<tr><td>Veränderungsnotwendigkeit:</td><td>Begründung:</td><td>Ursachen bei Problemen:</td></tr>
</table>

<table>
<tr><th>qualitative Ziele</th><th colspan="2"></th></tr>
<tr><td rowspan="2">Ziel 1:</td><td colspan="2">Messkriterien zur Zielerreichung:</td></tr>
<tr><td colspan="2">Beurteilung der Zielerreichung:
nicht oder nur gering erreicht ○ teilweise erreicht ○ weitgehend erreicht ○ voll erreicht ○</td></tr>
<tr><td>Veränderungs-notwendigkeit:</td><td>Begründung:</td><td>Ursachen bei Problemen:</td></tr>
</table>

<table>
<tr><th>qualitative Ziele</th><th colspan="2"></th></tr>
<tr><td rowspan="2">Ziel 2:</td><td colspan="2">Messkriterien zur Zielerreichung:</td></tr>
<tr><td colspan="2">Beurteilung der Zielerreichung:
nicht oder nur gering erreicht ○ teilweise erreicht ○ weitgehend erreicht ○ voll erreicht ○</td></tr>
<tr><td>Veränderungs-notwendigkeit:</td><td>Begründung:</td><td>Ursachen bei Problemen:</td></tr>
</table>

<table>
<tr><th>qualitative Ziele</th><th colspan="2"></th></tr>
<tr><td rowspan="2">Ziel 3:</td><td colspan="2">Messkriterien zur Zielerreichung:</td></tr>
<tr><td colspan="2">Beurteilung der Zielerreichung:
nicht oder nur gering erreicht ○ teilweise erreicht ○ weitgehend erreicht ○ voll erreicht ○</td></tr>
<tr><td>Veränderungs-notwendigkeit:</td><td>Begründung:</td><td>Ursachen bei Problemen:</td></tr>
</table>

4. Zielsetzung des Unternehmens:

- Erörterung der Zielsetzungen des Unternehmens

  ____

- Aktuelle Unternehmensentwicklungen darstellen

  ____

- Strategien und Ziele verdeutlichen

  ____

- Akzeptanz für Strategien und Ziele schaffen

  ____

- Daraus abgeleitet: Zielsetzungen des Bereichs in der nächsten Periode

  ____

- Raum für Rückfragen des Mitarbeiters einplanen

  ____

5. Zielvereinbarungsphase I: Arbeitsziele

gemeinsame Vereinbarung der Arbeitsziele für die folgende Periode – Vorgehen:

- Mitarbeiter beschreibt seinen Beitrag zur Erreichung der Bereichsziele und definiert eigene Ziele
- Führungskraft benennt Ziele, deren Erreichung er vom Mitarbeiter wünscht
- Gemeinsame Gewichtung und Entscheidung unter Einbeziehung der Unternehmenssicht

Ziele/Strategien	Es soll erreicht werden, dass:
quantitative Ziele	

Ziele/Strategien	Es soll erreicht werden, dass:
qualitative Ziele	

- Priorisierung und Präzisierung der einzelnen Ziele, Festlegung von Rahmenbedingungen, Zeitraum und Messkriterien

quantitative Ziele	
Ziel 1	Messkriterien zur Zielerreichung:
	Rahmenbedingungen und Zeitraum:

quantitative Ziele	
Ziel 2	Messkriterien zur Zielerreichung:
	Rahmenbedingungen und Zeitraum:

quantitative Ziele	
Ziel 3	Messkriterien zur Zielerreichung:
	Rahmenbedingungen und Zeitraum:

qualitative Ziele	
Ziel 1	Messkriterien zur Zielerreichung:
	Rahmenbedingungen und Zeitraum:

qualitative Ziele	
Ziel 2	Messkriterien zur Zielerreichung:
	Rahmenbedingungen und Zeitraum:

qualitative Ziele	
Ziel 3	Messkriterien zur Zielerreichung:
	Rahmenbedingungen und Zeitraum:

6. Zielvereinbarungsphase II: persönliche Entwicklungsziele

gemeinsame Vereinbarung der persönlichen Entwicklungsziele (max. 3) – Vorgehen:

- Mitarbeiter beschreibt, welche Fähigkeiten und Kompetenzen er erweitern will, und schlägt Maßnahmen vor
- Führungskraft benennt ihre Vorstellungen von Entwicklungsmöglichkeiten und Perspektiven des Mitarbeiters vor dem Hintergrund der definierten Arbeitsziele
- Gemeinsame Definition und Priorisierung individueller Entwicklungsziele
- Nach Einigung: Art, Zeitraum und Details der Fördermaßnahme

Zu optimierende Kompetenz:
Was ist das Ziel/was soll verbessert werden?
Begründung:
Messkriterium/wann ist das Ziel erreicht?
Um diese Ziele zu erreichen, sollten folgende Verhaltensweisen des Mitarbeiters
... beibehalten werden
... reduziert werden
... intensiviert werden
Es würde mir helfen, wenn mein Vorgesetzter/meine Vorgesetzte folgende Verhaltensweisen
... beibehalten würde ... reduzieren würde ... intensivieren würde

7. Zusammenfassung der Ergebnisse und positiver Abschluss

Definierte Ziele, gewünschte Unterstützungsmaßnahmen bei der Weiterentwicklung, Wünsche und Vorstellungen

Vorstellungen/Ziele zur beruflichen Entwicklung aus Sicht des Mitarbeiters:

Vorstellungen/Ziele zur beruflichen Entwicklung aus Sicht des Vorgesetzten:

Datum des Folgegespräches: ______________________

Unterschrift des Vorgesetzten: ______________________

Unterschrift des Mitarbeiters: ______________________

Mitarbeiterbeurteilung

Einführung

Die Mitarbeiterbeurteilung ist ein Instrument zur Unterstützung eines regelmäßigen Dialoges zwischen dem Mitarbeiter und seinem Vorgesetzen. Es handelt sich dabei nicht um ein reines Beurteilungssystem, vielmehr steht der Feedbackcharakter im Vordergrund.

Der Mitarbeiter wird durch das Mitarbeitergespräch motiviert, da Grundlagen für die Erreichung der Ziele besprochen werden; zudem wird dem Wunsch des Mitarbeiters nach Rückmeldung über seine bisherige Erfüllung der Aufgaben Rechnung getragen. Dadurch wird der Mitarbeiter in seiner Leistung bestätigt, zum Beibehalten seiner Stärken oder zur Optimierung seines Verhaltens ermutigt. Es entsteht eine positive Feedbackkultur, die der Mitarbeiter als Chance für seine Weiterentwicklung nutzen kann.

Wichtiger als die Beurteilung der Vergangenheit ist das Verabreden von Maßnahmen zur Förderung der Leistung und zur Entwicklung des Mitarbeiters. Dadurch erhält der Mitarbeiter die Gewissheit, dass er sowohl auf seine zukünftigen Aufgaben gut vorbereitet ist als auch sein Vorgesetzter und das Unternehmen ihn auf diesem Weg unterstützen. Sein aktuelles Leistungsspektrum wird systematisch betrachtet. Individuelle Stärken werden erkannt, Steigerungsmöglichkeiten können systematisch angegangen werden. Somit können aus dem geführten Gespräch Ansatzpunkte für eine individuelle, zielgerichtete Personalentwicklung abgeleitet werden.

Leitfaden

Name: ______________ Vorname: ______________

Geburtstag: ______________ Abteilung: ______________

Titel: ______________ Position: ______________

Tätig bei der .... seit: ______________

Tätig in der jetzigen Position seit: ______________

Zeitpunkt der letzten Beurteilung: ______________

Vorgesetzter: ______________

Beurteilungsgrund: ______________

- ❍ Regelbeurteilung
- ❍ routinemäßige Anforderung
- ❍ Ablauf der Probezeit: ______________
- ❍ Sonstiges: ______________

Beurteilungszeitraum ______________

Aufgaben und Tätigkeitsschwerpunkte:

Die folgende Beurteilung bezieht sich auf folgende Aufgaben und Tätigkeitsschwerpunkte (die einzelnen Aufgaben und Schwerpunkte detailliert aufführen):

____

____

Qualitative Zielerreichnung im Beurteilungszeitraum

Zielbeschreibung: ______________

Erreichungsgrad: ______________

Zeitraum der Realisierung

Arbeits- und Leistungsverhalten

Belastbarkeit

- Behält die Übersicht in Stresssituationen
- Verhält sich auch in Stresssituationen konstruktiv
- Ist auch in Stresssituationen sorgfältig
- Ist fähig in mehreren Projekten gleichzeitig zu handeln
- Passt sich schnell an veränderte Rahmenbedingungen an
- Übernimmt neue, komplizierte und ungeplante Tätigkeiten
- Kann sich auf chaotische Zustände einstellen

Fremdeinschätzung des Vorgesetzten

Die erbrachte Leistung liegt/entspricht ...

☐ immer unter ☐ teilweise unter ☐ im Wesentlichen ☐ im vollen Umfang ☐ häufig über ☐ immer über

... den Anforderungen

Begründung: ____________________

____

Selbsteinschätzung des Mitarbeiters

Die erbrachte Leistung liegt/entspricht ...

☐ immer unter ☐ teilweise unter ☐ im Wesentlichen ☐ im vollen Umfang ☐ häufig über ☐ immer über

... den Anforderungen

Begründung: ____________________

____

Eigenmotivation

- Rückschläge und Negativerlebnisse werden leicht überwunden
- Leistet mehr als gefordert
- Setzt sich selbst ehrgeizige, hohe Ziele
- Zeigt Bereitschaft zu Mehrarbeit

Fremdeinschätzung des Vorgesetzten

Die erbrachte Leistung liegt/entspricht ...

☐	☐	☐	☐	☐	☐
immer unter	teilweise unter	im Wesentlichen	im vollen Umfang	häufig über	immer über

... den Anforderungen

Begründung: ______________________

____

Selbsteinschätzung des Mitarbeiters

Die erbrachte Leistung liegt/entspricht ...

☐	☐	☐	☐	☐	☐
immer unter	teilweise unter	im Wesentlichen	im vollen Umfang	häufig über	immer über

... den Anforderungen

Begründung: ______________________

____

Eigeninitiative

- Sucht selbstständig nach Lösungen
- Wartet nicht auf Anweisungen
- Entwickelt Ideen
- Macht Vorschläge
- Verbessert Abläufe
- Erledigt selbstständig Aufgaben
- Bietet sich für neue Aufgaben an

Fremdeinschätzung des Vorgesetzten

Die erbrachte Leistung liegt/entspricht ...

☐	☐	☐	☐	☐	☐
immer unter	teilweise unter	im Wesentlichen	im vollen Umfang	häufig über	immer über

... den Anforderungen

Begründung: ______________________

____

Selbsteinschätzung des Mitarbeiters

Die erbrachte Leistung liegt/entspricht ...

☐	☐	☐	☐	☐	☐
immer unter	teilweise unter	im Wesentlichen	im vollen Umfang	häufig über	immer über

... den Anforderungen

Begründung: ______________________

____

Lernbereitschaft

- Zeigt die Bereitschaft, sich mit neuen Dingen zu beschäftigen
- Nimmt an Seminaren/Fortbildungen teil
- Zeigt auch außerhalb der Firma Weiterbildungsbemühungen

Fremdeinschätzung des Vorgesetzten

Die erbrachte Leistung liegt/entspricht ...

☐ immer unter ☐ teilweise unter ☐ im Wesentlichen ☐ im vollen Umfang ☐ häufig über ☐ immer über

... den Anforderungen

Begründung: ______________________________

____

Selbsteinschätzung des Mitarbeiters

Die erbrachte Leistung liegt/entspricht ...

☐ immer unter ☐ teilweise unter ☐ im Wesentlichen ☐ im vollen Umfang ☐ häufig über ☐ immer über

... den Anforderungen

Begründung: ______________________________

____

Sozialverhalten

Authentizität

- Steht für seine Ziele ein
- Zeigt glaubwürdiges und verbindliches Verhalten
- Verhält sich abwägend und gerecht
- „Fels in der Brandung" – kein „Bäumchen wechsele Dich"
- Sucht Fehler nicht nur bei anderen

Fremdeinschätzung des Vorgesetzten

Die erbrachte Leistung liegt/entspricht ...

☐	☐	☐	☐	☐	☐
immer unter	teilweise unter	im Wesentlichen	im vollen Umfang	häufig über	immer über

... den Anforderungen

Begründung: ______________________________

____

Selbsteinschätzung des Mitarbeiters

Die erbrachte Leistung liegt/entspricht ...

☐	☐	☐	☐	☐	☐
immer unter	teilweise unter	im Wesentlichen	im vollen Umfang	häufig über	immer über

... den Anforderungen

Begründung: ______________________________

____

Auftreten

- Trägt der Aufgabenstellung angemessene, korrekte Kleidung
- Hat einen adäquaten Umgangston
- Stellt sich auf den Gesprächspartner ein
- Verhält sich selbstsicher

Fremdeinschätzung des Vorgesetzten

Die erbrachte Leistung liegt/entspricht ...

☐	☐	☐	☐	☐	☐
immer unter	teilweise unter	im Wesentlichen	im vollen Umfang	häufig über	immer über

... den Anforderungen

Begründung: ____________________

____

Selbsteinschätzung des Mitarbeiters

Die erbrachte Leistung liegt/entspricht ...

☐	☐	☐	☐	☐	☐
immer unter	teilweise unter	im Wesentlichen	im vollen Umfang	häufig über	immer über

... den Anforderungen

Begründung: ____________________

____

Teamfähigkeit

- Zeigt Diskussions-, Argumentations- und Kritikfähigkeit
- Lässt sich von guten Argumenten überzeugen
- Trägt Gemeinschaftsentscheidungen mit
- Unterstützt durch Information und Einsatz zur Erreichung der Teamziele
- Arbeitet gerne im Team

Fremdeinschätzung des Vorgesetzten

Die erbrachte Leistung liegt/entspricht ...

☐	☐	☐	☐	☐	☐
immer unter	teilweise unter	im Wesentlichen	im vollen Umfang	häufig über	immer über

... den Anforderungen

Begründung: ______________________________

____

Selbsteinschätzung des Mitarbeiters

Die erbrachte Leistung liegt/entspricht ...

☐	☐	☐	☐	☐	☐
immer unter	teilweise unter	im Wesentlichen	im vollen Umfang	häufig über	immer über

... den Anforderungen

Begründung: ______________________________

____

Kommunikation und Information

- Spricht Kollegen an
- Teilt Wissen mit
- Sammelt Erkenntnisse
- Ist gesprächsbereit
- Geht mit Informationen verantwortungsbewusst um
- Ist offen und freundlich

Fremdeinschätzung des Vorgesetzten

Die erbrachte Leistung liegt/entspricht ...

☐	☐	☐	☐	☐	☐
immer unter	teilweise unter	im Wesentlichen	im vollen Umfang	häufig über	immer über

... den Anforderungen

Begründung: ______________________________

____

Selbsteinschätzung des Mitarbeiters

Die erbrachte Leistung liegt/entspricht ...

☐	☐	☐	☐	☐	☐
immer unter	teilweise unter	im Wesentlichen	im vollen Umfang	häufig über	immer über

... den Anforderungen

Begründung: ______________________________

____

Führungsverhalten

Delegation

- Traut Leistungsfähigkeit zu
- Erkennt Aufgabenstellungen und Arbeitsumfang
- Motiviert durch komplexe Aufgaben ohne zu überfordern
- Ist bereit, Arbeiten abzugeben
- Überträgt Aufgaben zusammen mit der entsprechenden Entscheidungskompetenz

Fremdeinschätzung des Vorgesetzten

Die erbrachte Leistung liegt/entspricht ...

☐	☐	☐	☐	☐	☐
immer unter	teilweise unter	im Wesentlichen	im vollen Umfang	häufig über	immer über

... den Anforderungen

Begründung: ______________________________

____

Selbsteinschätzung des Mitarbeiters

Die erbrachte Leistung liegt/entspricht ...

☐	☐	☐	☐	☐	☐
immer unter	teilweise unter	im Wesentlichen	im vollen Umfang	häufig über	immer über

... den Anforderungen

Begründung: ______________________________

____

Motivation

- Erkennt Leistung an
- Gibt Feedback
- Übt konstruktive Kritik
- Informiert umfassend
- Lebt seine Vorbildfunktion
- Ist umfassend informiert

Fremdeinschätzung des Vorgesetzten

Die erbrachte Leistung liegt/entspricht ...

☐	☐	☐	☐	☐	☐
immer unter	teilweise unter	im Wesentlichen	im vollen Umfang	häufig über	immer über

... den Anforderungen

Begründung: ______________________________

____

Selbsteinschätzung des Mitarbeiters

Die erbrachte Leistung liegt/entspricht ...

☐	☐	☐	☐	☐	☐
immer unter	teilweise unter	im Wesentlichen	im vollen Umfang	häufig über	immer über

... den Anforderungen

Begründung: ______________________________

____

Ergänzungen

Weitere Stärken des Mitarbeiters – z. B. positive minded, besonderes Engagement:

Ergänzende Hinweise des Vorgesetzten:

Ergänzende Hinweise des Mitarbeiters:

Mögliche Personalentwicklungsmaßnahmen:

Datum: ____________________

Unterschrift des Vorgesetzten: ____________________

Unterschrift des Mitarbeiters: ____________________